Günter Rudorf

Die schönsten
Verse fürs
Poesiealbum

FALKEN

Inhalt

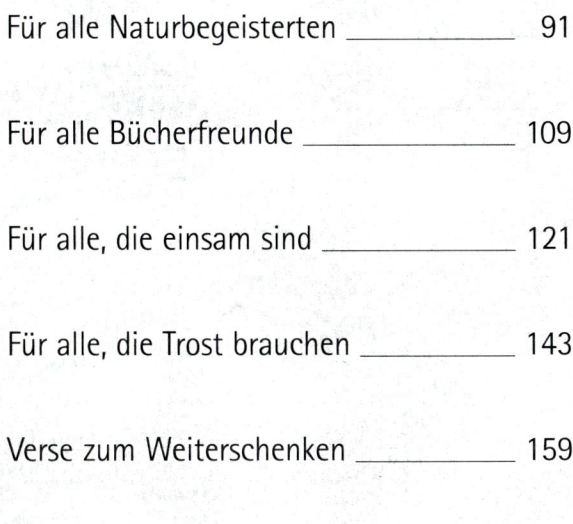

Für ein neues Poesiealbum

Hier steht, solang Du es bewahrst, geschrieben,
was alle wünschten, die Dich immer lieben.

Ich schreib' ins Album gern hinein,
denn schließlich: Was könnt' schöner sein
als meine Verse, die Dir sagen:
Ich will Dich stets im Herzen tragen.

········◆········

Jetzt schreib' auch ich Dir in Dein Buch,
zwei Zeilen nur, das ist genug:
Mögst Du von Glück beschienen sein!
Ich schließ' in mein Gebet Dich ein.

········◆········

Nie verlerne, so zu lachen,
wie Du heute lachst so frei,
denn ein Leben ohne Lachen
ist wie Frühling ohne Mai
und wie Lotto ohne Glück!
Gern denk' ich an Dich zurück,
wenn ich nicht mehr bei Dir bin.
Dies schreib' ich aus Liebe hin.

Ich schreib' auf diese Seite jetzt,
obwohl mein Schreiben niemand schätzt,
doch Du sollst wissen, daß ich Dich
für immer gern hab' inniglich.

········◆········

Wenn Du einst nach vielen Jahren
dieses Buch in Ruhe liest,
denke dran, wie froh wir waren!
Daß Dir stets ein Blümlein sprießt,
wünsch' ich Dir mit diesen Zeilen.
Mög' das Glück bei Dir verweilen!

········◆········

In dem Buch stehn viele Sprüche,
buntgemischt wie Kraut und Rüben.
Mancher Schrift fehlt's wohl am Üben,
mancher Vers hat seine Brüche.
Nimm es hin, denn sie besagen:
Alle, die hier schrieben, tragen
Dich in ihrem Herzen und
wünschen Dir: Bleib stets gesund!

Für ein neues Poesiealbum

Dieses Buch mög' Dich mit reichen Seiten
voller Sprüche durch die Zeit begleiten.
Weisheit, Trost, Vertrauen, Liebe, Stärke,
dies erkennst Du, und es fällt dem Werke
Deines Lebens fruchtbar zu.
Lesend find't die Seele Ruh'.

❖

Nicht jedem macht es Spaß zu schreiben,
drum sei nicht bös, läßt er es bleiben,
doch schreibt man Dir Gereimtes rein,
und sei der Vers auch noch so klein,
geschieht's, weil man mit Herzblut schrieb.
Behalte den, der's tat, stets lieb.

❖

Einen Spruch fand ich für Dich,
und den wollt' ich schreiben.
Gestern aber dachte ich,
laß es lieber bleiben.
Eigne Worte sagen's Dir:
Gute Freunde bleiben wir.

Geht's Dir mitunter mal nicht gut,
schöpf schnell aus diesem Buche Mut.
Was andere ihm anvertrauten,
beweist, daß sie auf Liebe bauten.

········◆········

Ach, könnt' ich reimen, wie ich wollte,
und könnt' ich schreiben, wie ich sollte,
und hätt' ich Geld genug zum Schenken
und würde niemals andre kränken,
kurzum: Wär' ich ein fast vollkommnes Wesen,
dann würdest Du jetzt dieses lesen:
Nein, ein Engel bin ich nicht,
doch mein Herz, das schlägt für Dich.

········◆········

Gedankenfülle, Weisheitslehren
sind meist so klar und knapp gesagt,
daß sie sich oft als Trost bewähren,
das Gute steigern, Schmerz verzehren,
daß es dem Lesenden behagt.

Für ein neues Poesiealbum

Ein Poesiealbum ist mehr
als nur ein Buch voll vieler Seiten.
Ist es gefüllt, dann wiegt es schwer,
ist Herzenslabsal in den Zeiten,
in denen lesend man erfährt
von Treue, von der Freundschaft Wert.

Ein solches Buch begleitet das Gedächtnis,
läßt längst Vergang'nes auferstehn.
Gar mancher Vers bewährt sich als Vermächtnis,
geschrieben vorm Vondannengehn.
Die Müh' war klein, ihr Wert jedoch wie Gold.
Dies wißt Ihr nun, wenn Ihr was schreiben wollt.

Die Poesie auf allen Seiten
soll Dich, dem dies gehört, begleiten,
und Dich erfreuen immerdar
und dran erinnern, wie's mal war.

········◆········

Der Freunde, der Verwandten Worte,
sie kommen in dies Buch hinein,
auf daß es ihre Wünsche horte,
zu lesen wohl an jedem Orte
in Stunden voller Glücklichsein.

········◆········

Hätt' ich Geld, ich würde laufen
und Dir etwas Schönes kaufen.
Doch statt dessen soll ich schreiben,
um in Deinem Buch zu bleiben.
Also schreibe ich hinein:
Ich will stets ein Freund Dir sein,
und das heißt, ich halt' zu Dir
wie Du jederzeit zu mir.

Für ein neues Poesiealbum

13

Das Gute,
dieser Satz steht fest,
ist stets das Böse,
das man läßt.
Denk stets an dieses kluge Wort.
Hier steht's – und damit bin ich fort.

········◆········

Wenn sich die Sprüche widersprechen,
ist's eine Tugend, kein Verbrechen.
Du lernst dabei von Blatt zu Blatt,
daß jedes Ding zwei Seiten hat.
Was ich schrieb, das hat Bestand.
Darauf geb' ich Dir die Hand.

········◆········

Ich bin noch viel zu klein,
mir fällt kein Verslein ein.
Doch hab' ich mal im Lotto Glück,
kriegst Du davon ein kleines Stück.
Dies ist versprochen und steht hier
in Deinem Buch als Gruß von mir.

Den Mädchen gewidmet

Träumt, tanzt und freut Euch Eures Lebens.
Liebt Eure Kindheit, sonst war sie vergebens.

Den Mädchen gewidmet

Sei wie das Veilchen im Moose,
lieblich, bescheiden und rein,
und nicht wie die stolze Rose,
die stets bewundert will sein.

········◆········

Ich kenne jemand, den ich mag,
und wenn ich Dir jetzt leise sag',
daß Du nur dieser Jemand bist,
hoff' ich, daß Du es nicht vergißt.
Dies ist mein Wunsch, drum schreib' ich's Dir.
Und falls Du Lust hast, antwort' mir!

········◆········

Wie die Ros' in Deinem Haare,
Mädchen, bist Du bald verblüht;
schönes Mädchen, o bewahre
vor dem Welken Dein Gemüt.

Nikolaus Lenau

Träume sollen sich erfüllen,
Deine Wünsche auch.
Selbst wenn Stürme um Dich brüllen,
Nebel Deine Sicht verhüllen,
mach's wie ich und tauch!
Tauch in deine eigne Welt
ein und halt sie rein.
Sie ist mehr als Gut und Geld,
wenn woanders Regen fällt,
strahlt Dir Sonnenschein.

........◆........

Ins Freundschaftsgärtchen aus Papier
pflanz' ich am heut'gen Tage Dir
ein Blümchen, das Dir viel verspricht;
sieh selbst, es heißt Vergißmeinnicht.

........◆........

Viel schöner bist Du, wenn Du lachst,
als wenn Du eine Schnute machst,
doch noch viel schöner ist es dann,
wenn ich Dich wiedersehen kann.

Den Mädchen gewidmet

In der Kürze liegt die Würze,
dies gilt auch für dies Gedicht.
Bleib gesund! Mach keine Stürze,
und vergiß das eine nicht:
Brauchst Du mich mal - ich bin da!
Immerzu bin ich Dir nah.

········◆········

Ich weiß nicht, was ich schreiben soll,
mein Herz ist wirklich übervoll,
so bin ich Dir verbunden.
Doch lass' ich jetzt das Schreiben sein.
Wenn Du dies liest - ich bleibe Dein
und schließe ins Gebet Dich ein
in allen meinen Stunden.

········◆········

Grün ist der Klee,
das Herz tut mir weh,
das Herz wird mir eng,
wenn ich an Dich denk'.
Drum bitt' ich Dich sehr,
komm bald zu mir her!

Das Gute zu üben,
das Schöne zu lieben,
das Böse zu lassen,
zu lieben statt hassen,
dieses sei Dein Streben
für immer im Leben.
Und sei gewiß: Wer dieses schrieb,
hat Dich von ganzem Herzen lieb.

••••••••◆••••••••

Bleib ein Sonnenkind im Leben!
Wer Sonne hat, kann Sonne geben.
Dies macht das Leben reich und froh
und hilft der Freundschaft sowieso.

••••••••◆••••••••

Ich wünsch' Dir alle Tage,
bei jeder Wetterlage,
in Schule und in Freizeit,
im Winter und zur Maizeit,
im Alltag und für Feste,
stets nur das Allerbeste.

Man muß lange leben,
um ein Mensch zu sein,
der versteht zu streben
nach des Glückes Schrein.

Wachse auf in Frieden,
Freundschaft und im Glück.
Lob sei Dir beschieden,
blickst Du einst zurück.

◆

Wenn zwei wie wir zusammenstehn,
dann kann nicht viel danebengehn.
Ich geb's Dir schriftlich, und Du weißt,
daß dieses »Ew'ge Freundschaft« heißt.

◆

Such nicht zu apart zu scheinen,
bleib ein Mädchen, das man schätzt.
Renne nicht, wenn andre meinen,
daß man hinterm Glück herhetzt.
Folge Deinem eignen Ziel,
dann erreichst Du auch sehr viel!

Lebe zufrieden, in Freude und Glück,
Dich möglichst nie großer Kummer bedrück',
entkomme stets schlimmen Geschäften.
Du gehst Deinen Weg, dran glaube ich fest,
und merk Dir, wenn Dich der Erfolg mal verläßt:
Ich helfe Dir immer nach Kräften!

........◆........

Steil sind oft des Lebens Stufen
und recht hart, wie Felsgestein.
Später einmal wirst Du rufen:
»Es war schön, ein Kind zu sein!«
Ich bin älter, als Du bist,
und drum sehr erfahren.
Nutz den Rat: Bleib Optimist,
auch wenn's manchmal trübe ist.
Dies wird Dich bewahren,
in dem irren Weltgeschehn
allzu häufig schwarzzusehn,
denn dies trübt die Zeit!
Mädchen, bleib gescheit!

Den Mädchen gewidmet

Den Mädchen gewidmet

Ich wünsch' Dir einen lieben Schatz
und ab und zu mal einen Schmatz
und Freude, wenn dies Buch Du liest,
und daß nie, nie ein Tränlein fließt.

........◆........

Mühe Dich, lern Menschen kennen,
denn sie sind veränderlich.
Die sich heute Freundin nennen,
reden morgen über Dich.
Ich gehöre nicht dazu,
und das weißt gewiß auch Du.

........◆........

Wer nur Trübsal bläst im Leben,
ist und bleibt ein armer Tor,
glücklich aber, wem gegeben
echter Frohsinn und Humor!
Grade einem Mädchen gibt
Freude Zauber, den man liebt.

Frohe Tage, heitre Stunden
werden nicht umsonst gefunden.
Man muß sein ganzes Leben
die Kostbarkeit erstreben!
Doch jede Mühe zahlt sich aus
und bringt Zufriedenheit ins Haus.

········◆········

Will Dich mal ein Junge küssen,
sei nicht gleich so aufgebracht.
Mama kann es ruhig wissen,
sie hat's früher auch gemacht.

········◆········

Im Falle eines Falles
sei offen stets für alles,
und sag nicht immer gleich: »O nein!«
Es könnte ja ein Glücksprinz sein!

Ach, mein Mädchen, welche Wege
wirst Du einmal gehn?
Wirst Du Schlingen im Gehege
eisern widerstehn?
Antwort kannst nur Du uns geben,
mög' sie uns erfreu'n;
unser Wunsch: Mögst Du im Leben
einst nicht viel bereu'n.

●

Versagtes schlag Dir aus dem Sinn,
schau nicht verlangend danach hin.
Glaub mir, schon darin liegt allein
ein Talisman zum Glücklichsein.

●

Ein Winter ohne Schnee,
ein Frühling ohne Klee,
ein Sommer ohne Badespaß,
ein Herbst, ganz ohne Glanz und Maß,
das wär' ich ohne Dich.
Wär' das nicht fürchterlich?

Sei stets munter, lebe heiter,
küß die Buben und so weiter,
denn schon die Apostel schrieben:
Du sollst Deinen Nächsten lieben!

Mit dem Ende fang' ich an:
Der dies schrieb, bin ich!
Jetzt häng' ich den Anfang dran:
Immer lieb' ich Dich!

Zeige der Welt ein lachend' Gesicht,
weinende Augen, die kümmert sie nicht.
Bricht Dir das Herz mal, denk immer daran,
daß man Verletzung und Schmerz heilen kann.

Überschätze nicht den Wert der Gaben,
die sich mit Händen greifen lassen;
wertvoll ist das, was wir in uns haben,
und daß wir lieben stets, nicht hassen.

Rosen, Tulpen, Nelken,
alle Blümlein welken.
Schlimmer noch: Was der Natur
durch die Menschheit widerfuhr
und noch widerfährt,
ist des Jammerns wert.
Darum hilf dem Umweltschutz!
Das bringt Dir und andern Nutz'!

◆

Die Erde dreht sich weise
Tag und Nacht im Kreise.
Meine kleine Welt dreht sich
immer, immer nur um Dich,
und so mög' es bleiben –
dies wollt' ich Dir schreiben!

◆

Erwarte nicht von andern,
daß sie für Dich viel tun.
Sei selbst aktiv beim Wandern
durchs Leben und immun
vorm lockenden Nichtstun.

Das Glück ist wie ein Omnibus,
auf den man lange warten muß,
und kommt er endlich angewetzt,
ruft laut der Schaffner: »Schon besetzt!«
Erlebst Du dies, sei nicht vergrätzt!
Bald kommt der nächste angefetzt!

........◆........

Der Erde köstlichster Gewinn
sind reines Herz und froher Sinn.
Der hat Gewinn, der sich bemüht!
Als Dank ihm stets ein Blümlein blüht,
von Elternlieb' gepflegt
und bis zuletzt gehegt.

........◆........

Unter dunklem Moos verborgen
siehst ein Blümlein Du am Morgen,
das in seiner Sprache spricht:
»Ich bin Dein und denk' an Dich.«

Den Mädchen gewidmet

27

Ich hab' mir schon seit Wochen
meinen Kopf für Dich zerbrochen,
doch gelingt mir kein Gedicht.
Ich hab' Dich lieb,
mehr sag' ich nicht.

........◆........

Daß Du mich liebst, das wußt' ich,
ich hatte es längst entdeckt;
doch als Du's mir gestanden,
hat es mich tief erschreckt.

Ich stieg wohl auf die Berge
und jubelte und sang;
ich ging ans Meer und weinte
beim Sonnenuntergang.

Mein Herz ist wie die Sonne,
so flammend anzusehn,
und in ein Meer von Liebe
versinkt es groß und schön.

Heinrich Heine

Ich habe was zu sinnen,
ich hab', was mich beglückt.
In allen meinen Sinnen
bin ich von dir beglückt.
Dies schreib' ich Dir ins Buch hinein,
damit's für ewig drin wird sein.

........◆........

Das treue Herz, das trostlos sich verzehrt
und still bescheiden nie gewagt, zu sprechen –
ich kenne den ihm selbst verborgnen Wert,
am rohen Glück will ich das Edle rächen.
Dem Armen sei das schönste Los beschert,
nur Liebe darf der Liebe Blumen brechen.
Der schönste Satz gehört dem Herzen an,
das ihn erwidern und empfinden kann.

Friedrich von Schiller

........◆........

Mach es wie die Sonnenuhr!
Zähl die heitren Stunden nur
und vergiß die trüben!
Diese Kunst lern üben!

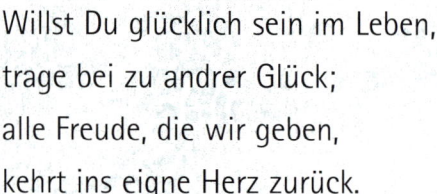

Willst Du glücklich sein im Leben,
trage bei zu andrer Glück;
alle Freude, die wir geben,
kehrt ins eigne Herz zurück.

········◆········

Zwischen heut und morgen
liegt eine lange Frist;
lerne schnell besorgen,
da Du noch munter bist.

Johann Wolfgang von Goethe

········◆········

Ich bin mir meiner Seele
in deiner nur bewußt.
Mein Herz kann nimmer ruhen
als nur an deiner Brust!

Mein Herz kann nimmer schlagen,
als nur für dich allein.
Ich bin so ganz dein eigen,
so ganz auf immer dein.

Theodor Storm

Den Jungen zugeeignet

Glaubt nicht, Ihr seid den Mädchen überlegen.
Kraft nur allein kann's Glück nicht herbewegen.

Immer Bäume zum Klettern,

Klee mit vier Blättern,

Spaß und Glück beim Sport,

stets ein gutes Wort,

dies alles wünsch' ich Dir

mit einem Gruß von mir.

........◆........

Wenn Dich die andern ärgern,

so ärg're Du sie nicht,

sei wie die liebe Sonne,

lach andern ins Gesicht.

........◆........

Quält Dich mal in Deiner Brust

dieses harte Wort »Du mußt!«,

dann entgeh dem Drill

und sag Dir: »Ich will!«

Bei Regen und bei Sonnenschein
sollst Du ein Glückspilz immer sein,
auch wenn Du mal zuviel riskierst,
bevor Du einst erwachsen wirst.

Und wenn ein Freund Dich kränkte,
verzeih's ihm und versteh:
Es ist ihm selbst nicht wohl dabei,
sonst tät er Dir nicht weh.

Friedrich Rückert

········◆········

Hast Du in der Schule Kummer,
quält sie Dich bis in den Schlummer,
gib Dir einen Ruck! Erst dann
geht's mit dir bestimmt voran.
Grade so hab' ich's erfahren,
mögst Du diesen Spruch bewahren.

Lerne zu warten,
doch warten ist hart.
Merk Dir den Spruch drum:
Kommt Zeit, kommt auch Bart.

•

Bist Du fleißig, treu und gut,
aber auch voll Übermut
und willst stets Dein Bestes geben,
bringst Du's weit in Deinem Leben.

•

Im Denken besonnen und klar,
im Reden offen und wahr,
im Wollen edel und echt,
im Handeln fest und gerecht.

•

Nimm nur, was Dir nahe liegt,
trachte nicht nach Fernstem,
lege keinen Ernst ins Spiel,
spiel nicht mit dem Ernsten!

Soll Dich in Deinem Leben
einst auch Erfolg erfreu'n,
mußt stets Du danach streben,
dies wirst Du nicht bereu'n.

········◆········

Arbeit macht das Leben süß,
Faulheit stärkt die Glieder.
Bleib gesund und iß Gemüs'
und besuch den wieder,
der Dir dies ins Album schreibt
und ein guter Freund Dir bleibt.

Den Jungen zugeeignet

Wenn Teufel beten, Engel fluchen
und Katz und Mäuse sich besuchen,
Computer lachen, Igel singen
und Haie Zaubertricks vollbringen
und die Vulkane Zucker spei'n,
dann hör' ich auf, Dein Freund zu sein.

Immer will Dein Freund ich bleiben,
ob Du fern bist oder nah.
Um Dir dies ins Buch zu schreiben,
dazu bin ich heute da.
Und was wünsch' ich Dir zum Schluß?
Stets Erfolg mit Hochgenuß!

········◆········

Es reicht nicht aus, nur viel zu wissen,
man muß mit Wissen auch was tun!
Das Leben ist kein Ruhekissen,
um weise sich drauf auszuruhn.
Was Du gelernt hast, das setz ein,
dann wirst Du stets zufrieden sein.

········◆········

Allzeit lustig ist gefährlich,
allzeit traurig recht beschwerlich,
allzeit glücklich ist betrüblich,
immer lustig kaum vergnüglich!
Merk Dir diesen Rat von mir.
Ich schenk' ihn aus Freundschaft Dir!

Tadle stets nur solche Sachen,
die Du selbst kannst besser machen.
Jeder wird dies anerkennen
und Dich dann ein Vorbild nennen.

········◆········

Heut sind wir noch jung an Jahren,
doch die Zeit eilt wie der Wind.
Ob wir noch mit weißen Haaren
so wie heute Freunde sind?
Keinen Zweifel meinerseits,
auch nicht, hoff' ich, Deinerseits.

Den Jungen zugeeignet

37

Mit frohem Sinn durchs Leben hin
und manche Maid geküßt,
vor nichts gebeugt den stolzen Sinn,
die Wahren stets gegrüßt.
Und wenn's mal hakt, den Fehler suchen
und nicht das Schicksal gleich verfluchen,
dann wirst Du gut durchs Leben gehn,
und alle andern werden's sehn.

Lieber scharfe Lattenschüsse
als der Tante nasse Küsse,
und auch lieber hitzefrei
als ein faules Hühnerei.
Nimm mir diesen Spruch nicht krumm,
und ich sag' Dir auch, warum:
Wenn man keine Scherze macht,
dann wird's fad bald. Gute Nacht.

Wonach Du sehnlichst ausgeschaut,
es wurde Dir beschieden.
Du triumphierst und jubelst laut:
Jetzt hab' ich endlich Frieden.

Ach, Freundchen, werde nicht so wild.
Bezähme Deine Zunge.
Ein jeder Wunsch, wenn er erfüllt,
kriegt augenblicklich Junge.

Wilhelm Busch

········◆········

Wenn Dein Fußballklub verliert,
weil rein gar nichts funkte,
nur nicht ärgern! Bald schon wird
es sich ändern, und dann stiert
man auf Euch! Die Punkte
wechseln nun mal hin und her –
Fußballtippen ist halt schwer!

Wer möchte diesen Erdenball
noch fernerhin betreten,
wenn wir Bewohner überall
die Wahrheit sagen täten?
Da lob' ich mir die Höflichkeit,
das zierliche Betrügen:
Du weißt Bescheid, ich weiß Bescheid,
und allen macht's Vergnügen.

Wilhelm Busch

········◆········

Willst Du Dich am Ganzen erquicken,
so mußt Du das Ganze im Kleinen erblicken.

········◆········

Es gibt so viele Dinge
auf unsrem Erdenrund,
davon sind manche traurig,
doch andre schön und bunt.
Du mußt sie nur erspähen,
die Dinge, bunt und rund.
Die traurigen laß liegen,
sonst kommst Du auf den Hund.

Zufrieden sein ist große Kunst,
zufrieden scheinen - bloßer Dunst,
zufrieden werden - großes Glück,
zufrieden bleiben - Meisterstück.

········◆········

Du solltest Deine Hoffnungen
nicht vor der Zeit begraben.
Selbst ein kecker Hitzkopf kann
plötzlich Glück doch haben,
wenn er dem Verstand vertraut
und nicht nur auf Muskeln baut.
Dieses ist mein Rat an Dich.
Hoffentlich bewährt er sich.

········◆········

Ein Poesiebuch zeigt Talente,
denn jeder Schreiber strengt sich an.
Es wird zum Buch der Dokumente,
aus dem man Kräfte schöpfen kann.

Kannst Du eigentlich ermessen,
welch ein guter Freund Du bist?
Nie werd' ich dies Glück vergessen.
Dies schrieb, der Dich nie vergißt.

........◆........

Junge, Du bist gut geraten!
Sei im Leben wie ein Spaten,
der dem Garten guttut, und
bleib vor allem stets gesund!
Dafür muß man etwas tun:
sportlich sein statt gern zu ruhn,
sich zu rühren, Freud' zu haben
an den wunderbaren Gaben,
die uns noch erhalten blieben.
Die Verwandten, die Dich lieben,
haben dies für Dich geschrieben.

Ein Moment der Geduld
kann Dich vor Unheil bewahren
und vor den Qualen von Schuld,
dies mußten viele erfahren.
Laß Hitzköpfe laufen,
was schaffen sie schon?
Sie müssen verschnaufen,
und Du kriegst den Lohn
Deiner Geduld.

········◆········

Nicht alles über Sportidole,
was in der Zeitung steht, das stimmt.
Es geht um Werbung und um Kohle,
so arg, daß sie der Teufel hole,
es wird gehobelt, daß es glimmt!

Lob die, die auf dem Teppich bleiben
und die nicht nur auf Geld aus sind!
Dies möchte ich ins Buch Dir schreiben,
damit Du nachdenkst, liebes Kind.

Liebe die Wahrheit
und hasse die Lüge;
liebe das Schöne
und hasse das Schlechte;
wolle das Gute
und tue das Rechte.
Wahrheit und Wille
verhilft Dir zum Siege.

•••••••◆•••••••

Schließ Freundschaft
mit eines Menschen Güte
und nicht mit dem, was er besitzt.
Das Leben ist ja keine Wundertüte,
in die man keck ein Löchlein ritzt
und hofft, fortan im Glück zu sein.
Nein, dreimal nein! Glück stellt sich ein,
wenn man sein Leben gut betreibt
und brav stets auf dem Teppich bleibt.

Der Himmel - mal bewölkt, mal rein,
so wird's im Leben öfter sein.
Wenn alles um Dich wankt und bricht,
vertrau auf Dich! Verzage nicht!

Jeder Lenz bringt neue Lieder,
jeder Tag bringt neues Licht.
Vieles in der Welt kehrt wieder,
aber unsre Schulzeit nicht.
Wenn wir später Rückschau halten,
werden wohl die Kummerfalten,
die uns seit der Schule zieren,
allen ihren Schreck verlieren.
Nehmen wir die Schule hin,
schließlich bringt sie uns Gewinn.

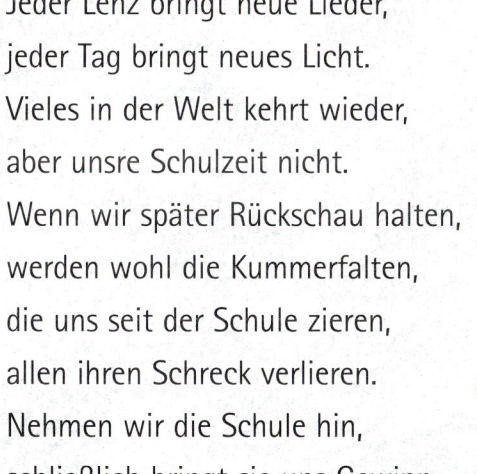

Ich bin, wie ich bin,
drum nimm mich nur hin!
Willst einen Besseren Du besitzen,
so laß Dir ihn schnitzen!

Johann Wolfgang von Goethe

········◆········

Wenn das Glück Dich reich beschenkt,
Deine Schritte bestens lenkt,
sage Dank für alles.
Doch bedenke, Glück kann fliehn.
Es wird wieder zu Dir ziehn –
zweifle keinesfalles!

········◆········

Jedes Tagwerk sei begrüßt,
doch vor allen Dingen:
Das, worum Du Dich bemühst,
möge Dir gelingen,
daß es andern und auch mir
so viel Freude macht wie Dir.

Du springst gern über Stock und Stein,
erkletterst Baum und Mauer,
doch sei vernünftig und sieh ein,
wohl hinter manchem liegt gemein
die Tücke auf der Lauer.

Ich weiß, Du holst zu diesem Zwecke
Dir wohl noch viele blaue Flecke,
doch solltest Du in jungen Jahren
auch öfters kühlen Kopf bewahren!
Drum zügle Deinen Übermut!
Der dieses schrieb, meint's mit Dir gut.

········◆········

Ich wünsche Dir,
das brauchst Du doch,
gute Freunde
noch und noch.

Es gibt nichts Gutes,
außer: man tut es.
Präg diesen Kästner-Spruch Dir ein,
dann wirst ein edler Mensch Du sein!

........◆........

Man kann nicht immer fröhlich sein,
dazu gibt's zuviel Not.
Doch alle Tage traurig sein
ist auch nicht das Gebot.
Mal so, mal so – so geht es zu.
Das wissen alle – und auch Du!

Dies steht für immer jetzt im Buch.
Ich denke, ich schrieb auch genug,
denn wenn noch mehr ich schriebe,
wär's immer nur von Liebe,
die ich für Dich geschwinde
und immerzu empfinde.

Bleib gesund!
Glück leite Dich.
Bist Du fern,
denk mal an mich,
so wie ich es tu'
immer –, immerzu!

········◆········

Ich möchte für den Weg durchs Leben
Dir meine guten Wünsche geben.
Dein Leben sei von Sorgen fern
und stehe unter gutem Stern,
so daß Dir Freud' beschieden bleib',
auch Arbeit und viel Zeitvertreib.

Ich schreibe nicht gern ein langes Gedicht,
nur diese Worte: Vergiß mich einst nicht.
Tief drinnen im Herzen ist immer Dein Platz,
Du bist und Du bleibst halt
mein einziger Schatz.

Den Jungen zugeeignet

Wer erst in saure Äpfel biß
und dann in einen süßen,
der wird den süßen ganz gewiß
dann doppelt froh genießen.

Doch wer in süße Äpfel biß
und dann in einen herben,
dem wird er herbe ganz gewiß
die ganze Freud' verderben.

Robert Reinick

·······◆·······

Unsre Freundschaft, die soll brennen
wie ein dickes Dreierlicht.
Freunde wollen wir uns nennen,
bis der Mops französisch spricht.

Für alle, die gern zur Schule gehen

Wer die Schule ernst nimmt, der begreift,
daß ihr Lehrstoff reich macht und man reift.

Die gern zur Schule gehen

Der Dollar steigt, der Dollar fällt,
Dir ist das schnurzegal,
Du hast zuwenig Taschengeld,
nicht wahr, verflixt noch mal?
Schon auf dem Schulweg merkst Du das.
Hier schriftlich: Von mir kriegst Du was.

........◆........

Wer sich immer bücken muß,
kriegt leicht einen Hexenschuß.
Wer nicht lernt, noch schlimmer,
kriegt die Kurve nimmer.
Gottlob bist Du besser dran,
man sieht's Deinem Zeugnis an.

........◆........

Glück soll uns begleiten
stets durch alle Zeiten.
Dies wünsch' ich bescheiden
schriftlich hier uns beiden.

Vor dem Anfang richt aufs Ende
Du Dein Augenmerk;
dann erst, munter und behende,
leg die Hand ans Werk.

········◆········

Will das Glück nach seinem Sinn
Dir was Gutes schenken,
sage Dank und nimm es hin,
ohne viel Bedenken.
Jede Gabe sei begrüßt,
doch vor allen Dingen:
Das, worum Du Dich bemühst,
möge Dir gelingen.

Wilhelm Busch

Nimm die Zunge wohl in acht,
sprich kein Wort zu unbedacht,
denn ein Wort, zu schnell gesprochen,
hat schon manches Glück zerbrochen.

········◆········

Gedenke meiner nah und fern,
gedenke meiner oft und gern.
Vergiß mich nicht, wenn Du zur Schule flitzt,
und auch nicht in der Klasse, wenn Du schwitzt.

········◆········

Wenn Berg und Tal uns trennen
und wir uns kaum noch kennen,
dann denk zurück an dieses Blatt,
und wer's für Dich beschrieben hat.

Ich habe drei Wünsche, und sie sind klein,
drum passen sie gut ins Album hinein.
Der erste: »Sei immer fröhlich und heiter!«
Der zweite: »Komm in der Schule gut weiter!«
Der dritte: »Vergiß nicht, wer dies alles schrieb.«
Es kam aus dem Herzen. Ich habe Dich lieb.

◆

Nicht jeder ist zum Gelehrten berufen,
des Erfolges Leiter besitzt viele Stufen;
ersteige sie langsam und schau nicht zurück,
vertraue der Zukunft, dort wartet das Glück.

◆

Vergiß nicht in der Ferne
mich, der Dich nicht vergißt
und heute, ach so gerne,
Dein Klassennachbar ist.

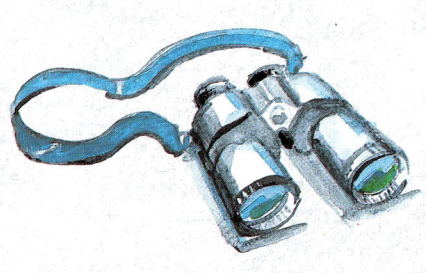

Hast Du eine heitere Natur?
Dann lache oft und gern.
Bist Du von ernsterer Natur,
dann streng Dich an und lern
zu lachen, denn's bringt Sonnenschein
in jedes Menschen Alltag rein.

········◆········

Ein Herz voll Liebe ist nie arm,
erkaltet nicht, ist immer warm.
Es nimmt nicht nur, denn der, der liebt,
besitzt ein Herz, das immer gibt.

········◆········

Das sind die Weisen,
die durch Irrtum zur Wahrheit reisen.
Die bei dem Irrtum verharren,
das sind die Narren.

Friedrich Rückert

········◆········

Wer zwei Dinge auf einmal tut,
dem geraten selten beide gut.

Fortuna soll Dich nie vergessen
und Dir das Glück stets reich bemessen,
doch kann man für sein Glück was tun,
mit Fleiß und Lust, statt auszuruhn.

········◆········

Des Lebens Kunst ist leicht zu lernen
und zu lehren –
Du mußt vom Schicksal nicht zu viel begehren.
Der, welchem ein bescheidenes Los genügt,
hat einen Schatz, der nie versiegt.
Dem Unersättlichen in jeglichem Genuß
wird selbst das Glück zum Überdruß.

Ludwig Bechstein

········◆········

Drei Wünsche gibt's im Märchen,
ich hab' für Dich nur einen:
In Deinem Leben soll sehr oft
für Dich die Sonne scheinen.
Und stürmt es mal um Schul' und Haus,
es geht vorbei, mach Dir nichts draus!

Die gern zur Schule gehen

Ein wenig Grütze
unter der Mütze
ist gar viel nütze,
aber ein fröhliches Herz
unter der Weste -
das ist das Beste!
Doch der allergrößte Clou,
der bist Du!

········◆········

Es gibt mehr Ding'
im Himmel und auf Erden,
als unsre Schulweisheit
sich träumen läßt.

William Shakespeare

········◆········

Wie ist der Himmel doch so weit,
und wie so nahe kann er liegen,
wenn über unsere Blödigkeit
der Glaube und die Liebe siegen.

Karl May

Benehme ich mich manchmal dumm,
dann, bitte, nimm mir dies nicht krumm.
Ich mache manchmal leider Sachen,
die dumm sind, und die andern lachen.
Ich will mich bessern - hier geschrieben -
und Dich, Du weißt es, immer lieben.

········◆········

Es weht einander der lose Wind
die Wellen und Wolken und Flammen.
Zwei Herzen, die füreinander sind,
die finden sich immer zusammen.
Ich schreib' Dir dies, Du kennst den Grund:
Wir beide bilden einen Bund.

In allem sich bescheiden,
nicht klagen und nicht ruhn,
ein Unrecht eh'r erleiden,
als selber Unrecht tun.

········◆········

Weißt Du, was in dieser Welt
mir am meisten wohlgefällt?
Daß die Zeit sich selbst verzehret
und die Welt nicht ewig währet.

Friedrich Logau

Was Du auch immer tust,
bedenk das Ende.
Eh' Du aus Langweile ruhst,
spuck in die Hände!
Drum üb Dich nicht im Zeitverschwenden,
einst fehlt sie Dir an allen Enden!

Es reden und träumen die Menschen viel
von besseren künftigen Tagen;
nach einem glücklichen, goldenen Ziel
sieht man sie rennen und jagen.
Die Welt wird alt und wird wieder jung,
doch der Mensch erhofft immer Verbesserung.
Es ist kein leerer, schmeichelnder Wahn,
erzeugt im Gehirne der Toren.
Im Herzen kündigt es laut sich an:
Zu was Besserm sind wir geboren.
Und was die innere Stimme spricht,
das täuscht die hoffende Seele nicht.

Friedrich von Schiller

·······◆·······

Ich sann gar lange hin und her,
was für Dein Album passend wär'.
Da fiel mir dieser Wunsch wohl ein:
Du mögest immer glücklich sein,
froh Deine Kräfte raffen
und so die Schule schaffen!

Hab Sonne im Herzen,
ob's stürmt oder schneit,
ob der Himmel voll Wolken
oder die Erde voll Streit.
Hab Gleichmut im Herzen,
wenn die Schule Dich zwickt,
das ändert sich schnellstens,
wenn er lernt und gut tickt.
In diesem Sinne wünsch' ich Dir,
schreib »Ich will lernen!« aufs Panier!

········◆········

Ideale sind wie Sterne,
man kann sie nie erreichen.
Aber sich danach zu richten,
das sei Dein Zeichen!

Du bittest mich, zu schreiben
ins Album ein Gedicht.
Ich lass' es besser bleiben,
denn dichten kann ich nicht.
Zwei Zeilen nur bring' ich zustand':
Du hast mein Herz - wir sind verwandt.

········◆········

Nach der Schule nutz die Stunden,
um das Pensum zu verdau'n!
Dreh dann kurz mal ein paar Runden,
um dann gern ins Buch zu schau'n.
Zu viel Streß muß zwar nicht sein,
das versteht sich von allein.
Wer jedoch aus Übermut
für die Schul' zu wenig tut,
der vernimmt vielleicht die Kunde:
»Dreh noch eine Ehrenrunde!«
Die läßt sich zwar überstehn,
besser ist es allerdings,
ihr - am besten gleich mit links -,
falls sie droht, doch zu entgehn.

Lernen ist wie Rudern
gegen den Strom.
Sobald man aufhört,
treibt man zurück.
Doch wer auf seine Kraft schwört,
der macht sein Glück.

........◆........

Wer vieles anfängt zu gleicher Zeit,
macht alles halb und nichts gescheit.
Ein gutes Ding hat Weile
und guter Sinn die Zeile,
die ich zum Schluß hier niederschreib',
Verlaß Dich drauf, daß treu ich bleib'.

........◆........

Von Herzen glücklich sein im Kleinen
soll Dir fürwahr als Großes scheinen.
Das Große blendet oft, und dann
verblaßt das Glück, bevor's begann.

Forder kein lautes Anerkennen!
Könne was, und man wird Dich kennen.

Paul Heyse

········◆········

Die Schule kann schon mächtig plagen,
wer das nicht weiß, der tut mir leid.
Doch von der Schulzeit läßt sich sagen,
sie macht fast jeden recht gescheit.
Der Beste muß man ja nicht sein,
ein Mittelplatz ist auch sehr fein.
Nur wichtig ist es zu begreifen,
wer mitwirkt, der wird besser reifen.

········◆········

Du solltest Dir drei Dinge merken:
Wissen, Tatkraft und die Stärken,
die tief in Deinem Herzen sind.
Wer dies beherzigt, wird, mein Kind,
sein Leben recht gestalten
und gute Ernte halten.

Die gern zur Schule gehen

Freund, lerne zweierlei,
so wirst Du nicht verderben:
Zum ersten lerne was,
um etwas zu erwerben.
Zum andern lerne das,
was niemand Dich kann lehren:
Gern das, was Du nicht kannst erwerben,
zu entbehren.

Friedrich Rückert

◆

Ob sich Fliegen küssen,
müssen wir nicht wissen.
Wichtiger für unsereins
ist nun mal das Einmaleins.

66

Für alle, die Tiere lieben

Wer glaubt, die Tiere sei'n uns untertan,
hat nichts gelernt und lebt im Wahn.

Das höchste Glück sei Dir beschieden,
und wandle froh durchs Leben hin;
in Deinem Herzen wohne Frieden,
auch sei für mich ein Plätzchen drin -
und auch noch eins fürs Lieblingstier,
dies wünsch' ich Dir.

········◆········

Sei immer gut zu Tieren,
hilf ihnen, wo's nur geht;
sollst nie den Mut verlieren,
es hier geschrieben steht.
Und zoll der Umwelt stets Tribut!
Sie leidet! Ihr geht's gar nicht gut!

········◆········

Die Katze läßt das Mausen nicht,
und doch ist sie ein Schatz.
Und auch ein Hund hat im Gedicht,
das ich Dir schreibe, Platz.
Solang Du ihnen Liebe schenkst,
bist Du viel weiser, als Du denkst.

Ernst bei der Arbeit,
heiter beim Spiel,
immer voll Hoffnung,
so kommst Du ans Ziel.
Beschütze die Tiere,
oft sind sie in Not,
behüt die Reviere,
wo man sie bedroht.

········◆········

Ist auch oft der Teufel los,
nie verlier den Mut,
sondern denke Dir dann bloß,
alles wird schon gut.
Treibt Dich Kummer aus dem Haus,
spiel mit Katz' und Hund.
Damit ist mein Verslein aus:
Glückauf! Bleib gesund!

Ohne Fleiß kein Preis,
sagte die Spinne und spann.
Sieh Dir nur ihr Netzwerk an,
wie es ihr gelingt.
Wer mit Fleiß sein Werk begann,
der's zu etwas bringt.

........◆........

Nicht was Du bist,
ist, was Dich ehrt.
Wie Du es bist,
bestimmt Deinen Wert.

........◆........

Manches geht im Leben
irgendwann daneben.
Nimm es leicht,
mach's wie die Tiere,
die im eigenen Reviere
alles nehmen, wie es ist.
Dies schrieb ich
ganz inniglich.
Einer, der Dich nie vergißt.

Wenn Dich die Lästerzunge sticht,
so laß Dir dies zum Troste sagen:
Die schlechtesten Früchte sind es nicht,
woran die Wespen nagen.

Gottfried August Bürger

········◆········

Wenn die Dohlen Dich umschrei'n,
Fledermäuse fliegen,
wirst Du sicherlich allein
in Deinem Bettchen liegen.
Zitterst Du, und es wird schlimmer,
stell Dir vor, ich wär' im Zimmer,
könnte Deine Angst verlachen
und verrückte Sachen machen.

········◆········

Wie die Biene sammelt Honig,
sammle Du viel Weisheit ein.
Ist die Blütezeit vorüber,
ist der Blütenhonig Dein.
Selber sich um was bemühen,
schlägt sich nieder und wird blühen.

71

Die Gemse auf der Gipfel Höh'
steigt nie hinab ins Tal.
Dem Krokodil sind Frost und Schnee
wohl ebenfalls egal.
Dem Igel fehlt kein Luftballon,
dem Hund kein Knochen aus Beton.
Fragst Du, was dieser Nonsens soll?
Ich schreibe nur die Seite voll,
denn ich bin dagewesen!
Viel Freude jetzt beim Lesen!

........◆........

Lieb Mensch und Tier
und sei getreu,
damit sich jeder,
dort und hier,
wenn er Dich sieht, stets freu'.

........◆........

Gute Tiere, spricht der Weise,
mußt Du züchten oder kaufen,
doch die Ratten und die Mäuse,
kommen ganz von selbst gelaufen.

Gibt's gute Tiere? Schlechte Tiere?
Die Frage sollt' nicht sein.
Wir haben Grund, für alle ihre
Int'ressen dazusein.
Nur wer stets gut zu Tieren ist,
ist »guter Mensch« zu nennen.
Du zählst dazu, so wie Du bist,
dies möcht' ich hier bekennen.

●

Ihr weißen Mäuschen, nehmt euch in acht,
laßt euch nicht ködern von weltlicher Pracht!
Ich rat' euch, lieber barfuß zu laufen,
als bei der Katze Pantoffeln zu kaufen.

Heinrich Heine

Ich will mal was erleben,
sprach eine kecke Maus,
kam aus dem Loch mal eben,
schon war ihr Leben aus.
Den Naseweis erwischt es eben
besonders schnell in seinem Leben.

Ob du übers Eis hingleitest
oder still durch Wälder schreitest,
ob Du stolz durch Städte gehst,
auf dem Sportplatz Runden drehst,
niemals bist Du ganz allein,
denn wohl bei uns allen
leben Tiere, groß und klein,
und die woll'n erhalten sein!
So soll's uns gefallen.

........◆........

Die Treue eines Hundes ist
wohl nicht zu übertreffen.
Wer diese Eigenschaft vergißt
und ihn mit falscher Elle mißt,
verdient, daß Hunde kläffen.

........◆........

Weißer Schwan auf blauer Flut,
liebe Freundin, merk's Dir gut:
Halte stets Dein Herz so rein,
wie der Schwan die Federlein.

Zwei Spatzen schwatzen
schon seit Stunden,
da drehn zwei Katzen
ihre Runden.
Doch weil sie streiten
mit den Tatzen
und gegenseitig sich zerkratzen,
geht's beiden Spatzen lang' noch gut
beim Katzenschwatz voll Übermut.

........◆........

Dieses sag' ich Dir ins Ohr:
Nimm Dir nie zu Großes vor!
Setze Dir ein Ziel, doch nie
schraub's bis in die Höhe!
Hör das Morgen-Kikriki,
geh zur Schule, aber nie
mach es wie die Flöhe.
Was bringt deren Sprung schon ein?
Nur den Ruf, verrückt zu sein.

Der dieses schrieb, tat es mit Herz,
augenzwinkernd, weil's ein Scherz.

Für alle, die Tiere lieben

75

Spare Deine guten Lehren

für den eigenen Genuß.

Kaum auch wirst Du wen bekehren,

zeigst Du, wie man's machen muß.

Laß ihn im Galoppe tollen,

reite ruhig Deinen Trab.

Ein zu ungestümes Wollen

wirft von selbst den Reiter ab!

Wilhelm Busch

········◆········

Gibt's einen Treueren im Rund

als Deinen heißgeliebten Hund?

Doch manchmal wird er Dir zuviel

bei Schule, Fernsehn, Sport und Spiel.

Was tut Dein Hund? Er schickt sich drein

und zieht den Schwanz bekümmert ein.

Vergiß nicht, ihm die Lieb' zu geben,

die jeder braucht in seinem Leben.

Er kann nicht reden, doch sein Blick

drückt's aus in jedem Augenblick.

Sei froh, sein bester Freund zu sein!

Dies schrieb ich in Dein Buch hinein.

Ohne Blumen, ohne Träume,
ohne tolle Purzelbäume,
Hundeknurren, Katzenklos,
was wär' auf der Welt dann los?
Darum: Ohne Wurst und Speck,
Pferdemist und Vogeldreck
hat das Leben keinen Zweck.
Der dies schrieb, steht heiter
auf der Lebensleiter.

Ob steil der Pfad,
ob schwer die Pflicht,
sage nie: Das kann ich nicht.
Mach's wie Möwe Jonathan,
ziehe freudig Deine Bahn.
Freude zählt auf dieser Welt
letztlich mehr als alles Geld.

Iß, was gar ist,

sprich, was wahr ist,

schütz, was klein ist,

auch wenn's nicht Dein ist,

jed' Kreatur

rund um die Uhr!

........◆........

Viele Freunde habe ich,

da gibt's keinen Mangel,

sprach ein kleiner, dummer Fisch

und hing an der Angel.

Such Du Dir die Freunde aus,

die Du brauchst in Treue,

falsche schick zur Tür hinaus,

such Dir lieber neue!

........◆........

Hör, wie eine Eule spricht:

Alleskönner gibt es nicht!

Es steht schließlich in den Sternen:

Man muß lernen, lernen, lernen!

Eines Tieres Freund zu sein,
ist ein Glücksgewinn,
und es schließt die Treue ein,
gibt dem Alltag Sinn.
Vielen Tieren geht es schlecht,
fort mit ihrem Leid!
Auch sie haben Lebensrecht
heut und alle Zeit.

········◆········

Die Fliege summt,
die Hummel brummt,
der Hahn kikrit,
der Angsthas' flieht -
und was mach' ich?
Ich denk' an Dich!

········◆········

Keine Wespe soll Dich stechen,
kratzen keine Katz'.
Nie soll unsre Freundschaft brechen,
und verschont sein stets von Schwächen -
dies schrieb Dir Dein Schatz.

So wie Du Deine Tiere liebst
und ihnen Zeit und Fürsorg' gibst,
ist's schön, drum sag' ich heut:
Wär'n andre ähnlich so wie Du,
ging' es auf Erden besser zu.
Wär' das nicht eine Freud'?

........◆........

Ob's Katzen, Hunde, Fische sind,
und was es sonst noch gibt –
in Tiere ist fast jedes Kind
von Anfang an verliebt.
Hast Du ein Tier zu Haus, ist's Pflicht,
es zu betreu'n, sonst freut's sich nicht.
Wer's anders hält, der ist gemein.
Dazu gehörst Du nicht – wie fein!

........◆........

Ein Tier enttäuscht Dich nicht,
es kennt nicht Menschentücke.
Wenn's Dir an Treue nicht gebricht,
bleibt's Dir zu Deinem Glücke.

Für alle, die gern fernsehen

Gar manches lohnt sich anzusehen,
bei vielem besser abzudrehen.

Für alle, die gern fernsehen

Auch wenn Du nicht gern schreibst,
gern vor dem Kasten bleibst,
um lange fernzusehen.
So hoff' ich doch, Du schreibst mir mal,
denn Schreiben ist ja keine Qual!
Mög' es Dir gut ergehen.

Tanzen nachts in Deinem Traum
immerzu die Geister?
Dann bestreich vorm Schlafengehn
dick Dein Bett mit Kleister!
Oder schau - Du hörst's nicht gern -
abends nicht so lange fern!

........◆........

Glücklich ist, wer nie vergißt,
daß Fernsehn nicht das Schönste ist.
Das Schönste ist auf dieser Welt
ein Freund, der immer zu Dir hält.

Alle Menschen werden Brüder,
singt und hört man immer wieder.
Irgendeiner sagte gestern:
Alle Menschen werden Schwestern.
Ob dies stimmt, kann ich nicht sagen,
mich erfaßt mehr Unbehagen
beim Gedanken, daß wir alle
zappeln in der Fernsehfalle.
Doch ein Knopfdruck, bitte sehr,
stellt den alten Frieden her.
Möge diesem guten Rat
bald schon folgen Deine Tat!
Treibe Sport, das macht Dich fit
für den großen Lebensritt.

........◆........

Nicht alles, was die Glotze bringt,
verdient es, daß wir schauen.
Drum hoff' ich, daß es Dir gelingt,
die Sehzeit abzubauen.
Schau lieber Deine Freunde an,
weil man mit denen spielen kann.

Für alle, die gern fernsehen

Für alle, die gern fernsehen

Die holde Kunst zu scherzen,
verdrängt des Lebens Schmerzen,
doch muß das Scherzen live geschehn,
im Fernsehn bleibt der Schmerz bestehn.

········◆········

Weißt Du, was das Fernsehn schafft?
Einer, der zu lange gafft,
kriegt quadrat'sche Augen,
die zum sturen Stieren,
aber nicht zur Freundschaft taugen.

········◆········

Humor ist, wenn man trotzdem lacht,
wenn's auch im Flimmerkasten kracht
und Thommy Gottschalk Blödsinn macht.
Die Lehre dieses Dreierschmus:
Nimm nichts zu ernst! Mit Kuß und Gruß
Dein ...

Du schwörst aufs Fernsehn? Mann-o-mann!
Die Welt fing nicht mit Fernsehn an.
Schon vorher gab es sie!
Und wie!
Der dies schrieb, meint's mit Dir gut
und rät Dir, sei auf der Hut!
Guck mit Maßen, sonst - zappzapp! -
stell den blöden Kasten ab!

········◆········

Wünsche Dir entfloh'ne Stunden
voller Freuden nicht zurück;
wahres Glück ist nie entschwunden;
was verschwindet, ist kein Glück.

Der Eskimo aus Kanada,
aus Grönland oder so,
ist gleich mit seiner Nase da,
um sie mit Dir zu reiben.
Mich macht viel mehr der Umstand froh,
wenn wir stets Freunde bleiben.
Kein Stündchen Fernsehn wiegt dies auf,
da leist' ich jede Wette drauf!

........◆........

Lebe glücklich, lebe froh,
wie der Mops im Haferstroh
oder Otto Blödian,
der mit seinem Fernsehwahn.
Halt die Ohren steif,
und reif!
Und bist Du groß und liest dies einst,
hoff' ich, daß Du vor Rührung weinst.

........◆........

Erst besinn's - dann beginn's.
Diesen Spruch beherzig Du,
das verschafft Dir Seelenruh'.

Früher, da ich unerfahren
und bescheidener war als heute,
hatten meine höchste Achtung
andere Leute.
Später traf ich auf der Weide
außer mir noch andere Kälber,
und nun schätz' ich, sozusagen,
erst mich selber.

Wilhelm Busch

........◆........

Könnt' ich, wie Wilhelm Busch es konnte, dichten,
Du läsest hier, ich schwöre es, Geschichten,
die sicher in den meisten Fällen
das Fernsehn in den Schatten stellen.
Doch schaffe ich nur diese Zeilen,
um das Versprechen mitzuteilen:
Wir bleiben Freunde, treu wie Gold,
was jeder sich stets merken sollt'.

Für alle, die gern fernsehen

Dein Leben sei fröhlich und heiter
wie eine Fernsehshow!
Das Glück sei stets Dein Begleiter,
und geht's eines Tages nicht weiter,
wer weiß das heut schon genau? -,
dann wend Dich an mich,
denn ich liebe Dich.

········◆········

Ich weiß, Du liebst die Sportschau sehr
mit allem Drum und Dran,
doch was bringt uns das Fernsehn her?
Viel Werbung blökt uns an.
Wenn man dies sieht, fühlt man im Nu
sich ähnlich wie 'ne dumme Kuh,
die man nur melkt. Drum sei gescheit,
spar Deine Groschen und die Zeit!

Also lautet der Beschluß,
daß der Mensch was schreiben muß,
heißt's bei Max und Moritz schon.
Darum, in gebot'nem Ton,
schreib' ich Dir auf dieses Blatt:
Hast Du mal das Fernsehn satt,
diesen Quark mit blauer Bohne,
wirst Du sehn, es geht auch ohne.
Ab und zu mal gucken: recht.
Glotzig werden, das ist schlecht.

········◆········

Muß es sein, so schick Dich drein!
Aber selten muß es müssen!
Höchstens Boote auf den Flüssen
schwimmen strömungsleicht dahin.
Drum sieh einen Sinn darin,
daß man übt, den eignen Willen
nur an Wichtigem zu stillen.
Alles andre stiehlt Dir Zeit,
und das tut Dir später leid.

Für alle, die gern fernsehen

Ich will Dir nicht die Freude nehmen,
soviel Du magst, nur fernzusehn.
Es gibt jedoch auch andre Themen,
die's wert sind, sie auch anzugehn.
Im Alltag liegen sie zuhauf,
man tritt fast drauf.
Drum wende Dich mal ihnen zu!
Gewinner dabei bist meist Du!

·······◆·······

Ich sehe gerne Video,
hör' Musik in Stereo –
doch viel schöner, glaube mir,
ist ein liebes Wort von Dir.

90

Für alle Naturbegeisterten

Das Raubtier Mensch erbarmt sich nicht der Erde.
Ein jeder tu' was, damit's anders werde.

O daß sie ewig grünen bliebe,
die schöne Zeit der jungen Liebe!
Dies schrieb einst Schiller, doch ich schreibe,
daß ich Dir stets verbunden bleibe.

◆

Blumen sind an jedem Weg zu finden,
doch nicht jeder kann ein Kränzlein winden
und schenkt es der Liebsten her.
Schau, wie sie uns aus den feuchten
Wiesen bunt entgegenleuchten,
prachtvoll, voller Wiederkehr.
Bald, freudig, komm' ich zu Dir wieder,
dies schreib' ich als Versprechen nieder.

Es dringen Blüten
aus jedem Zweig
und tausend Stimmen
aus dem Gesträuch,
heißt es in Goethes Mailied mild.
Ich mal' von Dir ein ähnlich' Bild:
Du bist mir nah wie Frühlingshauch,
und ich – versprochen – Dir ja auch.

········◆········

Mach es wie die Blümelein,
strebe zur Sonne, zum Licht
und achte der Stürme nicht!
In lockerem Erdreich, felsigem Spalt,
wurzeln die Blümlein mit zäher Gewalt,
bis daß der Frost sie zerbricht.

········◆········

Tue das Ernste mit fröhlichem Mut
und das Fröhliche ernst und gut!
Schenk der Natur Dein Herz jede Stund',
sei mit der Umwelt in friedlichem Bund!

Stets äußert sich der Weise leise,
vorsichtig und bedingungsweise,
der Blume gleich, die - kaum erwacht -
uns wortlos froh ins Herze lacht.

........◆........

Zwischen heut und morgen
kann so viel geschehn,
Rosen können welken,
Liebste von Dir gehn.
Nimm Dir Zeit und nutze
jeden Augenblick.
Trübe Bilder putze,
gibt's sie, mit Geschick.

........◆........

Wo recht viel Widersprüche schwirren,
mag ich am liebsten wandern;
niemand gönnt dem andern -
wie lustig! - das Recht zu irren.

Johann Wolfgang von Goethe

94

Einst wirst Du fern der Heimat sein,
die alten Glocken schweigen,
und wenn es sein soll, Du allein
wirst Dich voll Wehmut neigen.
Kein Klatschmohn glüht, kein Efeu rankt
so grün, wie einst daheim.
Kehr heim, wenn Du vor Sehnsucht krankst
und Du um die Zukunft bangst -
dies sagt Dir dieser Reim.

........◆........

Nenne niemand dumm und säumig,
der erst spricht, nachdem er denkt.
Unsre Welt ist so geräumig,
und der Kopf ist so beschränkt.

........◆........

So fest wie eine Eiche steht
im Sturm und bei Gewitter,
so fest soll unsre Freundschaft stehn
bis an des Grabes Gitter.

Als Mensch voll Nachsicht dazustehn,
nicht in die Wolken, nicht zu Boden sehn,
dem anderen ins Angesicht
und gerne lauschen, wenn er spricht,
für andre dasein, herrschet Not,
das ist wohl jedermanns Gebot.

········◆········

In Wind und Wetter, nicht bei Tanz und Reigen,
wird sich der Mensch in seiner Wahrheit zeigen.

········◆········

Richte nicht den Wert des Menschen
schon nach einer knappen Stunde;
oben sind bewegte Wellen,
doch die Perle ruht am Grunde.

Was Dir noch neu ist,
wird Dich auch reizen;
was mir schon Spreu ist,
ist Dir noch Weizen.

Friedrich Rückert

········◆········

Wenn andere klüger sind als wir,
das macht uns selten nur Pläsier,
doch die Gewißheit, daß sie dümmer,
erfreut fast immer.

Wilhelm Busch

········◆········

Mußt Dich nur vom Neide reinigen,
dann verzehnfachst Du Dein Glück,
machst in jedem Augenblick
fremde Freuden zu den Deinigen.

Paul Heyse

Für alle Naturbegeisterten

Dies merke Dir:
Bei Sonnenschein
fällt's leicht,
getrosten Muts zu sein.
Doch ob ein Menschenherz
stark ist und groß,
das zeigt sich erst,
trägt man ein schweres Los.

........◆........

Nicht nur Sonne sollst Du erwarten,
auch Regen braucht Dein Lebensgarten,
im Wechsel nur erlebt die Welt
den Kraftquell, der zusammenhält.

........◆........

Möge jeder still beglückt
seiner Freuden warten!
Wenn die Rose selbst sich schmückt,
schmückt sie auch den Garten.

Friedrich Rückert

Als ich die Rosen brach,
mich in den Finger stach,
da hab' ich mit Herzblut geschrieben:
Ich werde Dich ewig lieben.
Und glaubst Du's mir nicht,
glaub's meinem Gedicht.
Meine Worte sind wahr -
immerdar!

◆

Rosen und Nelken
blühen und welken,
aber wie das Immergrün
soll ewig unsre Freundschaft blühn.

◆

Auch der schönste Tag im Mai
geht vorbei, was immer sei.
Doch es gibt, ganz ohne Frage,
hinterher auch schöne Tage.

Schläft ein Lied in allen Dingen,
die da träumen fort und fort,
und die Welt hebt an zu singen,
triffst Du nur das Zauberwort.

Joseph von Eichendorff

........◆........

Kannst Du das Schöne nicht erringen,
so mag das Gute Dir gelingen.
Ist nicht der große Garten Dein,
wird's doch für Dich ein Blümlein sein,
erfreut Dein Herz und blüht im Licht.
Dies hoffe ich - vergiß mich nicht!

........◆........

Schnell wachsende Keime
welken geschwinde;
zu lange Bäume
brechen im Winde.
Schätz nach der Länge
nicht das Entsprung'ne;
fest im Gedränge
steht das Gedrung'ne.

Wer Liebe sät, wird Liebe ernten,
reift auch zur Frucht nicht jeder Keim.
Wohl alle, die dies zeitig lernten,
führt Liebe in ein trautes Heim.

........◆........

Fortuna lächelt, doch sie mag
uns ungern voll beglücken.
Schenkt sie uns einen Sommertag,
so schenkt sie uns auch Mücken.

Wilhelm Busch

........◆........

Echtes ehren,
Schlechtem wehren,
Schweres üben,
Schönes lieben,
sich schon über wenig freu'n,
weder Müh' noch Opfer scheu'n;
wer nach diesen Dingen strebt,
hat sein Leben recht gelebt.

So mancher glaubt, ein gutes Herz zu haben,
und hat nur schwache Nerven.
Und manchen schreckt schon ein zu tiefer Graben,
statt den Verstand zu schärfen,
denn wer sich etwas zutraut, schafft
das, was er will, mit eigner Kraft.

........◆........

Welch ein Gedrängel und Getriebe
von Lieb' und Haß bei Nacht und Tage,
und unaufhörlich setzt es Hiebe
und unaufhörlich tönt die Klage -
so reimte Wilhelm Busch einmal,
und drum empfehle ich:
Empfindest Du mal Alltagsqual,
dann denke gern an mich.
Ich bin im Garten stets bemüht,
daß Dir die schönste Rose blüht.

Das ist die Drossel, die da schlägt,
der Frühling, der mein Herz bewegt;
ich fühle, die sich hold bezeigen,
die Geister aus der Erde steigen.
Das Leben fließet wie ein Traum -
mir ist wie Blume, Blatt und Baum.

Theodor Storm

········◆········

Frühlingsblüten sind vergangen,
nun dem Sommer Früchte sprießen;
Ros' und Lilie soll erlangen,
den erhabnen Freund zu grüßen.

Johann Wolfgang von Goethe

········◆········

Wenn See und Bach vor Eise klirr'n
und frost'ge Winde uns umschwirr'n,
das Land erstarrt liegt, so wie heut,
weißt Du, was mich dann hocherfreut?
Daß wir uns mögen jederzeit
und jauchzen, wenn's, wie heute, schneit.

Muntre Gärten lieb ich mir,
viele Blumen drinne,
und Du hast so einen hier,
merk' ich wohl, im Sinne.

Mögen Wünsche für Dein Glück
tausendfach erscheinen;
grüße sie mit heiterm Blick
und voran die meinen.

Johann Wolfgang von Goethe

Herrlich ist's, in Deinem Garten
all die Blumen zu erwarten,
die Du sätest, war es Zeit.
Prachtvoll strahlt es rundherum,
macht uns glücklich, dankbar, stumm,
bringt Glückseligkeit.
Dank Dir, Deiner fleiß'gen Hand,
und auch dem Naturverstand.

So viel, was einzig mich beglückt,
warum versagt sich's mir?
Die Rose, die Du nie gepflückt,
sie duftet ewig Dir.

Emanuel Geibel

········◆········

Entbehre gern, was Du nicht hast,
Du findest Glück im Freien,
wo jedes Blümlein, jeder Ast,
wenn man sie läßt, gedeihen,
damit sich alle Welt dran freut,
wie ich mich bei Dir freue heut.

········◆········

Blumen mögen Deine Wege säumen,
Früchte für Dich reifen an den Bäumen,
bewahrt seist Du vor Herzeleid,
und dies für lange, lange Zeit.

Für alle Naturbegeisterten

Unter Linden, unter Buchen,
wirst Du einst die Liebsten suchen,
doch Du sollst nicht weinen.
Wenn Du sie im Herzen hältst
und Dein Leben gut bestellst,
sind Dir nah die Deinen.

........◆........

Ich schnitt es gern in alle Rinden ein,
ich grüb es gern in jeden Kieselstein,
ich möcht es sä'n auf jedes Gartenbeet
mit Kressesamen, der es schnell verrät,
auf jeden weißen Zettel möcht ich's schreiben:
Dein ist mein Herz und soll es ewig bleiben!

Wilhelm Müller

........◆........

Schau, der Frost wird bald zerbrechen,
neues Grün wird wieder sein.
Laß uns drum von Hoffnung sprechen,
sie geb' Kraft Dir und sei Dein.
Schau nach vorn, verzage nicht.
Jeder langen Nacht folgt Licht.

Ein Halm, der machte heut mich froh,
er sagte, mir solle Gutes geschehen.
Ich maß an einem Stück Stroh,
wie ich bei Kindern oft gesehen.
Nun hört, ob ich in ihrem Herzen ruh:
»Sie liebt, liebt nicht, sie liebt.«
Wie ich auch dehnt die Hände:
»Sie liebt mich«, hieß es stets am Ende.
Des war ich froh; nur – Glaub' gehört dazu.

Walther von der Vogelweide

········◆········

Oben, unten, hinten, vorn –
keine Rose ohne Dorn.
Bis ihn eine Rose sticht,
glaubt so mancher dieses nicht.

········◆········

Sei einem Veilchen gleich,
das im Verborg'nen blüht.
Das macht Dein Leben reich,
auch wenn Dich niemand sieht.

So wie die Rose blüht,
so blühe stets Dein Glück.
Wenn Du dies Verslein liest,
so denk an mich zurück.

········◆········

Es mögen blaue Blümlein dicht
in Deinem Garten sein.
Sie bitten Dich: Vergiß mein nicht,
auch ich gedenke Dein.

········◆········

Im Unglück erkennt man die Freunde, die blieben.
Im Winter vermißt man das Grün der Natur.
Uns allen empfiehlt sich, das Leben zu lieben,
zu wissen, sie läuft ab, die Uhr,
die unseres Lebens Frist,
wie es auch kommen möge, mißt.

Für alle Bücherfreunde

In Bücher sich vertiefen bringt Gewinn.
Die Zeit genutzt, die Sorgen gehn dahin.

Meist macht das Bücherlesen reich,
als schenkte man uns Gold.
Drum lies auch dieses Buch sogleich,
das Dir gefallen sollt'.
Ich schenke mit dem Wunsch es Dir,
Du liest's bei gutem Lichte.
Zum Schluß noch einen Gruß von mir:
Viel Spaß bei der Geschichte!

········◆········

Wenn Du liest, erlebst Du sie:
Wunderwelt der Phantasie,
in der Du selbst Schlösser baust
und in ferne Welten schaust.
Nimm dies Buch als mein Geschenk
mit viel Freude an und denk,
daß es jemand schrieb, der Dich
unterhalten will wie ich.

Mach mal was andres, sei so frei,
such auf die nächste Bücherei.
Es gibt sie auch in unsrer Stadt.
Dort ist die Auswahl riesengroß
und manchmal sogar kostenlos.
Wohl dem, der dies genossen hat.

........◆........

Je größer Deine Flügel,
je mehr straff Deine Zügel,
und lern, was in den Büchern steht:
Solang sich unsre Erde dreht,
erlebt nur der Zufriedenheit,
der maßvoll lebt zu jeder Zeit,
erfüllt von Toleranz und Mut,
dem beizustehn, der Gutes tut.

........◆........

Warum werden die Dichter beneidet?
Weil Unart sie zuweilen kleidet,
und in der Welt ist's große Pein,
daß wir nicht dürfen unartig sein.

Johann Wolfgang von Goethe

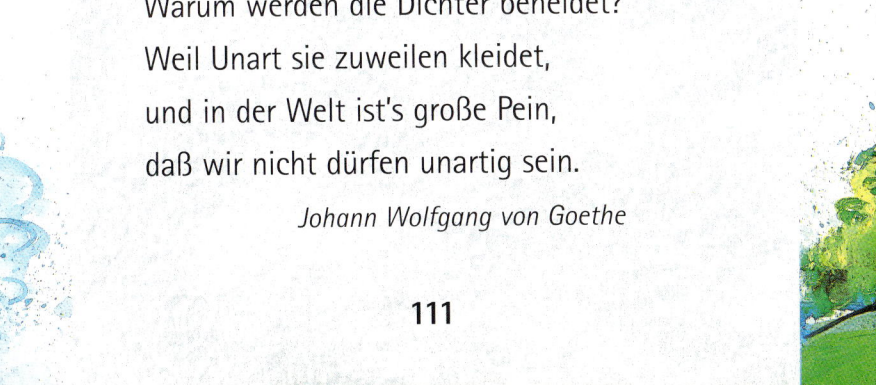

111

Wer Bücher liest,
schaut voll Vertrau'n
auf neue Kenntnis
übern Zaun;
und fremde Welten locken an.
Wer liest, ist immer besser dran.

········◆········

Klar, das Fernsehn ist bequem.
Glotze an, schon staubt der Lehm
uns ins Auge, Hirn und Ohr.
Liest hingegen Du ein Buch,
bist Du los den Fernsehfluch,
dem schon mancher Rache schwor.
Lesend schaffst Du Dir sogleich
Freud' im eignen Wunderreich.

········◆········

Wenn man zu Dir sagt, lies das!
Frag nicht: warum?
Meistens macht das Lesen Spaß,
nur selten dumm!

Wenn sich Geschichten widersprechen -
na und? Das sind der Bücher Schwächen.
Man lernt dadurch von Blatt zu Blatt,
daß jedes Ding zwei Seiten hat.

········◆········

Die Tage sind ja Blätter nur
im Buche Deines Lebens;
füll sie mit guten Taten aus
und Wirken reinen Strebens.

········◆········

Nutze Deine jungen Tage,
lerne zeitig, klüger sein.
Auf des Glückes großer Waage
steht die Zunge selten ein:
Du mußt steigen oder sinken,
Du mußt herrschen und gewinnen
oder dienen und verlieren,
leiden oder triumphieren,
Amboß oder Hammer sein!

Johann Wolfgang von Goethe

In Büchern findest Du vom Leben
zuweilen nur ein schwaches Bild,
in andern aber Herzensbeben
und Trost, der Deine Sehnsucht stillt.
Wer liest, entdeckt die Welt für sich.
Dies Glück wünsch' ich mir stets für Dich.

........◆........

Ein Wort, das Du gesprochen,
nie sei's von Dir gebrochen!
Diese Worte seien Dein,
drum schreib' ich sie ins Buch hinein.

........◆........

Wissen heißt, die Welt verstehen;
Wissen lehrt verrauschter Zeiten
und der Stunde, die da flattert,
wunderliche Zeichen deuten.
Und da sich die neuen Tage
aus dem Schutt der alten bauen,
kann ein ungetrübtes Auge
rückwärts blickend vorwärts schauen.

Friedrich Wilhelm Weber

Nicht alles, was wahr ist,
müssen wir sagen,
aber das, was wir sagen,
muß wahr sein.
Wer sich an diese Weisheit hält,
kommt ungeschoren durch die Welt.

........◆........

Kopf ohne Herz macht böses Blut;
Herz ohne Kopf tut auch nicht gut.
Wo Glück und Segen soll gedeih'n,
muß Herz und Kopf beisammen sein.

........◆........

Schmöker Dich durch das Gedruckte
voller Neugier durch und denk:
Ein Vulkan, der Feuer spuckte,
und ein Blitz, der teuflisch zuckte,
sind nur Phantasiegeschenk.
Abenteuer zu bestehn
heißt: Man muß in Bücher sehn.
Such Dir Deine liebsten aus,
dann hast Du die Welt zu Haus.

Dichten kann ich leider nicht,
denn mir fehlt die Muse.
Wenn Du Verse haben willst,
sei so gut, mach Du 'se.
Einen Spruch hab' ich für Dich:
Unser Bund bewähre sich.

········◆········

Spare, lerne, leiste was,
dann hast Du, bist Du,
kannst Du was!
Doch immerzu nur Großes leisten,
die Kraft geht ab den allermeisten.
Fehlt's Dir zuweilen an Vertrauen,
rat' ich, mal in ein Buch zu schauen,
damit Du siehst, wie man mit Kraft
und Selbstvertrauen Großes schafft.

········◆········

Grüß Dich, kleiner Bücherwurm!
Wer viel liest, gewinnt im Sturm
Einblick in die Dichterwelt,
die uns bestens unterhält.

116

Lesen, das führt neue Welten
in Dein Leben ein.
Unter fremden Himmelszelten
bist Du nie allein.

Schlüpfst dabei in andre Leben,
kämpfst und siegst dazu.
Es kann kaum was Schön'res geben!
Na, was denkst denn Du?

Mit dem Buchgeschenk sag' ich:
Lies es bald und denk an mich!

........◆........

Haß, als Minus und vergebens,
wird vom Leben abgeschrieben.
Positiv im Buch des Lebens
steht verzeichnet nur das Lieben.
Ob ein Minus oder Plus
uns verbindet, zeigt der Schluß.

117

Leben heißt lesen!
Bei Neuem dabeisein,
bei Altem gewesen.
Die Welt kommt ins Zimmer,
der Held lebt in Dir.
Du langweilst Dich nimmer,
ich weiß es von mir.

Dieses Buch ist ein Geschenk,
weil ich gerne an Dich denk'.

◆

Taucht man ins Reich der Phantasie,
stellt man am Ende fest,
ein goldnes Land erreicht man nie,
wo's sich nur träumen läßt.

Die Welt um uns ist oftmals roh,
drum schreibe ich es hier:
Sei ehrlich, treu und lerne froh,
dann geht es gut mit Dir.

Wer sagt, ich habe nichts gelesen,
der ist auch nie dabeigewesen,
wenn sich der Reichtum dieser Welt
in einem Buch zur Ansicht stellt.
Du bist aus einem andern Holz,
dies freut mich sehr und macht mich stolz.

Eigentlich lernen wir nur von den Büchern,
die wir nicht beurteilen können.
Der Autor eines Buches,
das wir beurteilen könnten,
müßte von uns lernen.

Johann Wolfgang von Goethe

Bücher sind bessere Freunde als Menschen;
denn sie reden nur, wenn wir wollen,
und schweigen, wenn wir anderes vorhaben.
Sie geben immer und fordern nie.

Freiherr von Münchhausen

Für alle Bücherfreunde

Willst glücklich Du werden jederzeit:
Halt ein in Lust - halt aus in Leid!

········◆········

Was tief in guten Büchern ruht,
ist wahrlich eine Himmelsglut,
die 's Herz erwärmt, den Geist beschwingt
und so ein Wunder wohl vollbringt:
Man wird in Sphären hochgehoben
und glaubt, man bliebe stets dort oben,
und schlägt das Buch man schließlich zu,
hat meist - beglückt - die Seele Ruh'.

Für alle, die einsam sind

Ein guter Vers schenkt jene Kraft,
damit man, was man will, auch schafft.

Vaterliebe baut das Haus,
Mutterliebe schmückt es aus,
Kinderliebe macht es reich,
und so zeigt sich jedem gleich,
daß nur Liebe in der Welt
alles wohl zusammenhält.

◆

Wenn Du im Herzen Frieden hast,
wird Dir die Hütte zum Palast.
Darin soll es Dir wohlergehn!
Ich freu' mich schon aufs Wiedersehn.

◆

Das Leben schwernehmen, ist leicht.
Das Leben leichtnehmen, ist schwer.
Versuch, Deinen Pfad zu bestimmen,
auch gegen den Strom mal zu schwimmen
mit Weisheit wohl und mit Bedacht.
Sei tolerant! Und wenn's mal kracht,
schaff wieder Ordnung und gib acht!

Die Erinnerung ist das einzige Paradies,
aus dem wir nicht vertrieben werden können.

Jean Paul

........◆........

Ein gutes Wort, ein frohes Lachen,
kann Dich und andre glücklich machen,
doch sollte man in seinem Leben,
so oft es geht, auch selber geben.

........◆........

Magst alles werfen in des Lebens Fluten,
nur eines halte hoch:
die Sehnsucht nach dem Guten!

........◆........

Laß von brutalen Gewalten
nie Deine Seele knechten;
kannst Du nicht recht behalten,
halte doch fest am Rechten.

Paul Heyse

Für alle, die einsam sind

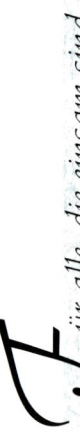

Mußt nicht widerstehn dem Schicksal,
aber mußt es auch nicht fliehen!
Wirst Du ihm entgegengehn,
wird's Dich freundlich nach sich ziehen.

Johann Wolfgang von Goethe

········◆········

Laß das Leben auf Dich regnen,
blick zurück und denk:
Liebe und das Sichbegegnen
waren ein Geschenk.
Dankbar nehme ich es hin,
und was mich sehr freut,
ist, daß ich zufrieden bin
und mich wenig reut.

········◆········

Wenn Gift und Galle die Welt Dir beut,
und Du möchtest das Herz Dir gesund bewahren:
Mach andern Freude! Du wirst erfahren,
daß Freude freut.

Friedrich Theodor Vischer

Ich wollt' ein Sträußlein binden,
es fehlte mir die Pracht,
drum war es nicht zu finden,
sonst hätt' ich's Dir gebracht.
Statt dessen bring' ich Liebe Dir
und hoff', daß ich Dich nie verlier'.

........◆........

Läßt Dich Dein Kummer manchmal weinen,
und drückt Dich nieder arge Pein,
versuche, heiter zu erscheinen,
denn weinen soll man nur allein.

........◆........

Das Glück, kein Reiter wird's erjagen;
es ist nicht dort, es ist nicht hier.
Lern überwinden, lern entsagen,
und ungeahnt erblüht es Dir.

Theodor Fontane

127

Du mußt es nicht den Menschen klagen,
wenn Dir vor Schmerz das Herz zerreißt.
Es ist wohl so, in unsern Tagen
weiß kaum man noch, was Mitleid heißt.

········◆········

Wer Lieb' erfuhr, hat's wohl erfahren,
die Liebe ist oft nur ein Wort,
das bald verfliegt, doch mit den Jahren
möcht' die Erinn'rung man bewahren,
dann geht die Liebe nicht mehr fort.

········◆········

Wie schön ist es,
mal nichts zu tun
und dann vom Nichtstun auszuruhn.
Doch kenn' ich Dich –
so denkst Du nicht,
drum schrieb ich Dir
nun dies Gedicht.

Sei nicht da, wo man Dich duldet,
wo man Dich sucht, da sei.
Demütigung ist stets selbst verschuldet,
Selbstachtung macht Dich frei.

········◆········

Was Augen sehen, reicht nicht aus
und füllet kaum ein Menschenhaus.
Nur gut man mit dem Herzen sieht.
Bedenke dies, was auch geschieht.

········◆········

Glück ist wie ein Sonnenblick;
niemand kann's erjagen,
niemand von sich sagen,
daß er heut und alle Frist
ohne Wunsch und glücklich ist.
Glück ist wie ein Sonnenblick.
Erst wenn es vergangen,
erst in Leid und Bangen
denkt ein Herz und fühlt es klar,
daß es einmal glücklich war.

Martin Greif

Für alle, die einsam sind

Erst unter Kuß und Spiel und Scherzen
erkennst Du ganz, was Leben heißt;
o lerne denken mit dem Herzen
und lerne fühlen mit dem Geist.

Theodor Fontane

........◆........

Kannst Du nicht adlerähnlich fliegen,
steig Schritt für Schritt mit Maß bergan.
Dem wird die Welt zu Füßen liegen,
der's große Ziel mit Müh' gewann.

........◆........

Such nicht immer, was Dir fehle,
Demut fülle Deine Seele,
Dank erfülle Dein Gemüt.
Alle Blumen, alle Blümchen,
und darunter selbst ein Rühmchen,
haben auch für Dich geblüht.

Theodor Fontane

Weder sich noch andre kränken,
ist das allerbeste Schenken,
kostet nichts und macht sogleich
arme Herzen wieder reich.

········◆········

Man muß das Eisen schmieden,
solange es ist heiß.
Nicht jedem ist's beschieden,
daß er die Weisheit weiß.
Ich rate Dir, merk Du sie Dir,
der Lebensweisheit stolze Zier!

········◆········

Fehler scheinen dann recht dumm,
wenn andre sie begehen.
Doch es geht auch andersrum,
und dann steht man da recht stumm
und kann's kaum verstehen,
daß man selbst auch Fehler macht.
Gib drum acht!

Für alle, die einsam sind

Wie klein ist das,
was einer ist,
wenn man's mit
seinem Dünkel mißt.

Wilhelm Busch

········◆········

Goethe schrieb das weise Wort:
Edel sei der Mensch,
hilfreich und gut!
Es klingt in allen Herzen fort,
beherzigt man's an jedem Ort.

········◆········

Viele Menschen meinen,
reich an Takt zu sein.
Prüft man sie im Kleinen,
täuscht ihr eitler Schein.
Prüft man sie genauer,
fehlt es oft an Takt,
so daß oft ein Schauer
uns vor ihnen packt.

Ein bißchen Güte
sollte jeder zeigen.
Sie gleicht der Blüte,
ist jedem eigen.

........◆........

Wir alle sind als Lichter
in diese Welt gestellt.
Es leuchten die Gesichter,
die Hoffnung aller Dichter,
wie hell wär' dann die Welt.

........◆........

Und blüht der Weizen, so reift er auch,
das ist immer so ein alter Brauch.
Und schlägt der Hagel die Ernte nieder,
übers andere Jahr trägt der Boden wieder.

Johann Wolfgang von Goethe

Für alle, die einsam sind

Am guten Alten
in Treue halten;
am kräftigen Neuen
sich stärken und freuen,
wird niemand gereuen.

Emanuel Geibel

········◆········

In jedes Haus, wo Liebe wohnt,
scheint Sonn' hinein und auch der Mond,
und ist es noch so ärmlich klein –
es stellt sich drin doch Frühling ein.

Bald schon muß ich wieder gehn,
mög' das Glück Dir bleiben!
Ehe wir uns wiedersehn,
verspreche ich, zu schreiben.
Falls Du Lust hast, schreib Du mir,
und schon heute dank' ich Dir!

········◆········

Ach, viel Leid hast in den Jahren
Deines Lebens Du erfahren,
doch Du hieltst dem Kummer stand,
gabst von Deiner Güte andern,
mahntest sie voranzuwandern,
stütztest sie mit Deiner Hand.

Manche haben Dich vergessen,
andre hielten treu zu Dir.
Was man tat, das wird gemessen,
Du tatst viel, das glaube mir.
Dies schrieb ich ins Buch hinein
als ein Trost beim Traurigsein.

Es mangelt an Gerechtigkeit,
an Güte und an Frieden.
Dir sei jedoch Zufriedenheit
auf Deinem Weg beschieden.
Die Hoffnung bleibt, daß diese Welt
doch letztlich das zusammenhält,
wonach Du immer strebtest,
und wie Du immer lebtest:
ehrlich, treu und tolerant,
stets dem Guten zugewandt.

Die Jungen denken, das Alter bleibt fern,
jaja, so hätten's die Jungen wohl gern,
doch eh' sie sich versehen,
sieht man sie dorten stehen,
wo wir, die Alten, längst schon weilen.
Es ist halt so, die Jahre eilen
und nehmen jeden von uns mit.
Wer klug ist, fügt sich diesem Schritt
und lernt, voll Würde alt zu werden.
Dies ist der beste Weg auf Erden.

Durch ein festes Herz bezwinge,
was von außen kommt im Leben,
und mit Redlichem vollbringe,
was in Deine Macht gegeben.

........◆........

Nicht wer wenig hat, ist arm,
sondern wen die Wünsche drücken,
daß es einen fast erbarm'.
Reich ist der, der im Beglücken
andrer seine Pflichten sieht
und vor deren Not nicht flieht.

........◆........

Ich möcht' für Deinen Weg durchs Leben
Dir alle meine Wünsche geben
und hoffen, sie erfüllen sich.
Brauchst Du mal Hilfe, laß mich's merken,
denn unsre Freundschaft soll Dich stärken!
Vergiß es nie: Ich liebe Dich.

Wie man wohl richtig
sich selber ehrt?
Nimm Dich nicht wichtig,
aber halte Dich wert!

........◆........

Wenn Du wohl glaubst, Verlassenheit
sei Grund zu Deiner Traurigkeit,
dann mag's so sein.
Drum öffne Dich zu andern hin,
sehr häufig ist das der Beginn
zum Glücklichsein.

Güte in den Worten
erweckt Vertrauen.
Liebe an allen Orten
läßt Heime erbauen,
die allen Menschen offenstehn,
die brüderlich zusammengehn.

•••••••◆•••••••

Das wahre Glück ist die Genügsamkeit,
denn die Genügsamkeit hat überall genug.
Grad weil die Welt so voll ist von Betrug,
betrüg' sich niemand um Zufriedenheit.

•••••••◆•••••••

Jeder Mensch begegnet einmal
dem Menschen seines Lebens,
aber nur wenige erkennen ihn rechtzeitig.

Gina Kaus

Für alle, die einsam sind

Grauer Himmel – trübe Tage!

Keine Lust und keine Plage,

weder Sturm noch Sonnenglanz;

grauer Stunden dunkler Kranz.

Manchmal muß es doch gewittern!

Manchmal muß das Herz erzittern,

muß in Leid und Freud erbeben;

wie so öd wär' sonst das Leben!

Heinrich Seidel

●

Dein Herz ist wie ein Fliederstrauch:

Im Herbst muß er verbleichen;

doch schmückt ihn bald der Frühlingshauch

mit neuen Blüten und Zweigen.

So denke, wenn Dich trifft ein Leid,

es ist ein herbstlich' Grauen,

und schöner wird nach kurzer Zeit

Dein Aug' den Frühling schauen.

Adolph Menk

Nacht und Tag, wie sind sie schwer,
seit Du gingst und kamst nicht mehr.
Laß es wieder anders sein.
Der dies schrieb, gedenket Dein.

........◆........

In einem Buche blätternd fand
ich eine Rose welk, zerdrückt,
und weiß auch nicht mehr, wessen Hand
sie einst für mich gepflückt.

Ach, mehr und mehr im Abendhauch
verweht Erinnerung; bald zerstiebt
mein Erdenlos, dann weiß ich auch
nicht mehr, wer mich geliebt.

Nikolaus Lenau

........◆........

Ich will! Das Wort ist mächtig,
spricht's einer ernst und still;
die Sterne reißt's vom Himmel,
das eine Wort: Ich will!

Friedrich Halm

Für alle, die einsam sind

141

Wenn jemand schlecht von Deinem Freunde spricht,
und scheint es noch so ehrlich, glaub ihm nicht!
Spricht alle Welt von Deinem Freunde schlecht,
mißtrau der Welt und gib dem Freunde recht!
Nur wer so standhaft seine Freunde liebt,
ist's wert, daß ihm der Himmel Freunde gibt.

Ludwig II. von Bayern

◆

Und wärst Du dem ärmsten Bettler gleich,
bleibt Dir ein Freund, so bist Du reich.
Doch wer den höchsten Königsthron gewann
und keinen Freund hat, ist ein armer Mann.

Friedrich von Bodenstedt

Für alle, die Trost brauchen

Auch wer sich glücklich wähnt, ist nicht vor Leid,
das ihn aus Himmeln stürzen läßt, gefeit.

Nicht ohne Glück sind Deine Lenze,
Du forderst höchstens zuviel Glück.
Setz Deinen Wünschen Maß und Grenze,
dann kehrt vielleicht das Glück zurück.

........◆........

Tritt ein für Deines Herzens Meinung
und fürchte nicht der Feinde Spott,
bekämpfe mutig die Verneinung,
so Du den Glauben hast an Gott.

Theodor Fontane

........◆........

Wenn Du unzufrieden bist
mit Deines Lebens Gaben,
schaue nur auf jene hin,
die's noch viel schwerer haben.

........◆........

Nicht jedes Herz wird für Dich schlagen,
nicht jeder Mensch wird Dich verstehn.
Was Gott Dir schickt, mußt Du ertragen
und freudig seine Wege gehn.

Erscheint Dir etwas unerhört,
bist Du tiefsten Herzens empört,
bäume nicht auf, versuch's nicht mit Streit,
berühr' es nicht, überlaß es der Zeit.
Am ersten Tag wirst Du feige Dich schelten,
am zweiten läßt Du Dein Schweigen schon gelten,
am dritten hast Du's überwunden;
alles ist wichtig nur auf Stunden,
Ärger ist Zehrer und Lebensvergifter,
Zeit ist Balsam und Friedensstifter.

Theodor Fontane

········◆········

Sei nur auf Eigenes gegründet,
nur auf Dich selbst vertraue fest;
die Hilfe anderer verschwindet,
wenn eigne Stütze Dich verläßt.
Gar manchmal geht viel Zeit ins Land,
bevor sich zeigt des Retters Hand.

Je mehr man kennt, je mehr man weiß,
erkennt man, alles dreht im Kreis ...
Will mich jedoch des Worts nicht schämen:
Wir tasten ewig an Problemen.

Johann Wolfgang von Goethe

········◆········

Als ich in den Jugendtagen
noch ohne Grübelei,
da meint' ich mit Behagen,
mein Denken wäre frei.

Seitdem hab' ich die Stirne
oft auf die Hand gestützt
und fand, daß im Gehirne
ein harter Knoten sitzt.

Mein Stolz, der wurde kleiner.
Ich merkte mit Verdruß:
Es kann doch unsereiner
nur denken, wie er muß.

Wilhelm Busch

Freud und Leid sind Reiseleute,
ziehen immer aus und ein;
doch will dieses immer länger,
jene kürzer bei uns sein.

Friedrich von Logau

........◆........

Willst Du Dir ein hübsch Leben zimmern,
mußt Dich ums Vergangne nicht kümmern;
das Wenigste muß Dich verdrießen,
mußt stets die Gegenwart genießen,
besonders keinen Menschen hassen
und die Zukunft Gott überlassen.

Johann Wolfgang von Goethe

........◆........

Sich mit äußeren Dingen schmücken,
das ist wahrlich keine Kunst.
Auf Dein Inneres sollst Du blicken,
diese Werte stehn in Gunst.
Äußerer Tand mag manchen Glanz Dir geben;
die inneren Werte zählen im Leben.

Für alle, die Trost brauchen

Willst du immer weiter schweifen?
Sieh, das Gute liegt so nah.
Lerne nur das Glück ergreifen,
denn das Glück ist immer da.

Johann Wolfgang von Goethe

·······◆········

Ein frohes Herz und frischer Mut
sind besser als viel Geld und Gut.

·······◆········

Jeder Mensch braucht in der Tat
ab und zu mal einen Rat.
Gut, wenn man da Freunde hat,
die es ehrlich meinen.
Gib die Freundschaft stets zurück,
hilf auch anderen zum Glück,
tu es stets für einen,
der am Wege abseits steht
und dem es sehr schwer ergeht,
das läßt Sonne scheinen.

Und bist Du verzagt,
der Hoffnung entsagt,
denk immer daran,
und fange neu an,
auf morgen zu bauen,
nach vorne zu schauen.
Verzweiflung hilft nimmer,
sich anstrengen immer.

········◆········

Freundschaft ist ein Wert wie Gold,
Pflicht auf beiden Seiten,
wenn Ihr sie erhalten wollt,
müßt Ihr für sie streiten.
Wer nichts für die Freundschaft tut,
der verspielt das größte Gut.

········◆········

Mensch, werde wesentlich!
Denn wenn die Welt vergeht,
so fällt der Zufall fort;
das Wesen, das besteht.

Angelus Silesius

Wenn Dich die Stürme
des Lebens umtoben,
wenn Dich das Liebste
auf Erden verläßt,
wende den Blick nur
gläubig nach oben!
Da wohnt Dein Gott,
der Dich niemals verläßt.

········◆········

Sei standhaft im Glauben
und fest in der Pflicht.
Und lockt die Versuchung,
so folge ihr nicht.

········◆········

Frieden im Gemüte,
das Leben sonnig erhellt:
Wahre Herzensgüte
überwindet die Welt.

Victor von Scheffel

Viele Menschen in der Welt
streben nur nach Gut und Geld,
konnten sie's erwerben,
geht es schon ans Sterben.

........◆........

Wenn Dich oft auch Sorgen drücken
und Dich Angst vor morgen quält.
Habe Mut und straff den Rücken,
denn nur dann wird es Dir glücken,
daß man wieder auf Dich zählt.

Sage Dir: Ich werd' es schaffen!
Denke um, werd' Optimist!
Fange an, Dich aufzuraffen!
Nimm Dir vor, nie abzuschlaffen,
und sei stolz drauf, wie Du bist.

Es hilft uns kein Gedeutel,
so nimm es, wie es fällt:
Der eine hat den Beutel,
der andre hat das Geld.

Es läßt sich nichts erklopfen:
Der eine hat den Wein,
der andre hat die Pfropfen.
Man muß zufrieden sein.

Theodor Fontane

········◆········

Zeigt gelegentlich das Leben
Dir die trübe Seite,
mußt Du Dir die Order geben:
Kopf hoch! Kämpfe! Streite!

Wenn andere Dich tunlichst meiden,
weil Du nicht hast viel Gut und Geld,
dann pfeif auf sie, auch wenn's Dich quält,
denn so entgehst Du großem Leiden.
Im Leben zählen Ehrlichkeit
und Treue und Bescheidenheit.

········◆········

Und hast Du's schwer und krankst daran,
gib nie die Hoffnung auf,
denn daß sich alles ändern kann,
gehört zum Lebenslauf.

········◆········

Hoffe wenig und wirke viel -
das ist der kürzeste Weg zum Ziel.

········◆········

Nur vorwärts frisch und frei den Blick,
darfst ihn nicht trübe senken;
Dir wird beschieden Dein Geschick,
doch selber kannst Du's lenken.

Wilhelm Hasenclever

Sage nie, das kann ich nicht,
vieles kannst Du, will's die Pflicht,
alles kannst Du, will's die Liebe.
Darum Dich im Schwersten übe!
Schwerstes fordern Lieb' und Pflicht!
Sage nie, das kann ich nicht!

········◆········

Wenn Dich die Menschen kränken
durch Verrat und Trug,
mußt still Du daran denken,
welch Leid der Herr ertrug.

········◆········

Glück ist wie ein Sonnenblick,
kommt er, nutz ihn aus.
doch trübt Schatten Dein Geschick,
mach Dir nichts daraus.
Naht das Glück auch klitzeklein,
besser so, als würd's nicht sein.
Wichtig: Seelenfrieden
sei Dir stets beschieden.

Du mußt, sind Deine Wünsche groß,
sie an dem Kleinsten messen.
Der zieht des Glückes großes Los,
der lernt, sie zu vergessen.

········◆········

Sei hochbeseligt oder leide,
das Herz bedarf ein zweites Herz.
Geteilte Freude ist doppelte Freude,
geteilter Schmerz ist halber Schmerz.

Christoph August Tiedge

Der schadet sich,
der gern zuviel verspricht.
Spricht er mal wahr,
so glaubt man es ihm nicht.
Zur Herzensruh' gehört Vertrauen
und Ehrlichkeit, auf die wir bauen.

Freundschaft finden ist wohl leicht,
schwer jedoch, sie zu bewahren.
Bleibt Dir Freundschaft noch nach Jahren,
dann hast Großes Du erreicht.

........◆........

Auch andre drückt der Kummer,
das Herz tut ihnen weh.
Das Leid raubt ihren Schlummer,
als ob es nie vergeh'.
Ist's Trost, daran zu denken,
daß viele tragen Last?
Kannst Hilfe Du verschenken?
Gib ihnen, was Du hast.
Wenn Herzen zueinanderstehn,
wird bald die Einsamkeit vergehn.

Wenn Dir mal an trüben Tagen
Kummer alle Freude nimmt,
sollst Du immer Dir dann sagen:
Der nächste Frühling kommt bestimmt.
Dann wird all Dein Leid vergehn
bis zum Nimmerwiedersehn.

........◆........

Leidest Du an Einsamkeit,
geh auf andre zu.
So verlierst Du Herzeleid
und gewinnst die Ruh'.

........◆........

Laß den Kopf nicht hängen,
habe immer Mut,
laß Dich nie bedrängen
und entgeh den Zwängen,
dann geht es Dir gut!
So gut soll es Dir stets ergehn,
bis wir uns glücklich wiedersehn.

Für alle, die Trost brauchen

Sei mir getrost,
nach trüben und widerwärtigen Tagen
eilet des sanften Glücks
frohere Stunde herbei.

Properz

........◆........

So leb stets wohl, sei glücklich und zufrieden,
gedenk der Freundin, die Dich liebt,
die glücklich ist, wenn nie Dein Glück hernieden
ein Unfall oder Kummer trübt.

Nimm noch zuletzt und gern von meinen Lippen
den Kuß der ew'gen Freundschaft hin.
An Dich gedenken werd' ich mit Entzücken,
bis ich einst fern gestorben bin.

Verse zum Weiterschenken

In Zeiten der Verflachung, dummer Sätze,
erweisen Dichterworte sich als Schätze.

Liebe ist das einzige, das wächst,
wenn wir es verschwenden.
Wenn's an Liebe fehlt,
wird es traurig enden.

........◆........

Nutz jeden Tag, und schenk ihm Sinn und Güte,
und nimm das Leben freudig an.
Es ist ja schließlich keine Wundertüte,
aus der man nur mal naschen kann.

........◆........

Wahre die Hoffnung als Schönstes Dir,
sie hilft Dir auch in trüben Tagen.
Sie läßt Dich inmitten des Lebens Gier
in den Augen den Sonnenschein tragen.

........◆........

Redet einer schlecht von Dir,
sei es ihm erlaubt,
aber Du leb immer so,
daß ihm keiner glaubt.

Wer Freunde sucht,
dem sei Erfolg beschieden.
Wer keine hat,
dem fehlt's an Herzensfrieden.
Mach 's Herz drum auf, die Seele weit,
so flieht Dich bald die Einsamkeit.

········◆········

Wer Maß wohl hält in allen Dingen,
der wird es auch zu etwas bringen.
Verschwende weder Zeit noch Geld,
die Stunde naht auch Dir,
da bist Du auf Dich selbst gestellt.
Mit reinem Herzen stell Dich ihr!

········◆········

Gedenke nah, gedenke fern,
gedenke meiner oft und gern,
gedenke noch in spätren Jahren,
wie wir vergnügt beisammen waren.
Nun ist die Trennung überstanden.
Wie schön, daß wir uns wiederfanden.

Wer nicht kann, was er will,
der muß wollen, was er kann.
Drum beweg Dich halt nur still,
spricht ein weiser Mensch Dich an.
Danke ihm für seinen Rat,
er beflügelt Deine Tat.

········◆········

Wichtig ist es, anzufangen
und nach vorn zu sehn,
und von sich selbst zu verlangen,
stets voranzugehn.
Folge einem guten Ziel,
dann gewinnst Du sicher viel!

········◆········

Um siegen zu können,
muß man Kräfte haben,
und man muß sie auch bringen.
Aber vor allen Dingen
muß man den Willen haben
zum Gelingen.

Leb in der Gegenwart!
Zu leer ist und zu weit
der Zukunft unbekanntes Haus,
zu dunkel das in der Vergangenheit.

........◆........

Das Glück besteht nicht darin,
sein Ziel zu erreichen,
sondern auf dem Wege dorthin zu sein.
Darum gib Deinem Leben ein Zeichen
und sage Dir immer: Das Ziel - es sei mein!

........◆........

Ich kann fliegen,
sagte der Wurm,
als er mit dem Apfel
vom Baum fiel.
Daraus ergibt sich:
Mute Dir viel zu,
doch nicht zuviel.
Dann kommst Du
ans gesteckte Ziel.

In einem guten Wort ist Wärme
für drei Winter, weiß ein Sprichwort
aus der Mongolei.
Drum gib Dich ehrlich und stets frei.
Dann spüren Herzen: Es ist Mai.

◆

Auch wenn ich wüßte,
daß morgen die Welt unterginge,
würde ich doch heute noch
einen Apfelbaum pflanzen -
sprach einst der Reformator Martin Luther.
Laß Dich drum von harten Dingen
nur nicht in die Knie zwingen.
Denk an morgen und daran,
daß man's Leben packen kann!

◆

Erfolg hat nur, wer etwas tut,
während er auf den Erfolg wartet.
Anders gesagt:
Du wirst den Alltagstrott nicht los,
legst Du die Hände in den Schoß.

Vertrödle keine Zeit,
und such nach einem Hindernis,
vielleicht ist keines da.
Sei lieber dankbar,
wenn sich keines zeigt,
dann ist das Glück Dir nah.

........◆........

Nach einem mußt Du immer trachten:
Die es verdienen, stets zu achten,
und dem zu helfen, der in Not.
Den Unterdrückten leihe Worte,
mach ihren Platz zu Deinem Orte;
wir alle schließlich sind bedroht.

Verse zum Weiterschenken

Gehst Du morgens aus dem Haus,
sieht die Welt oft schrecklich aus,
trüb und wenig froh.
Mach Dir nicht zuviel daraus.
Morgen sieht's schon besser aus,
Weihnacht' sowieso.

········◆········

Freunde braucht man in der Not,
und die kann's mal geben.
Teil mit ihnen gern Dein Brot,
und sei treu im Leben.
Güte ist es, nicht das Geld,
was die Welt zusammenhält.

166

Sage nie: »Dann soll's geschehen!«
Öffne dir ein Hinterpförtchen
durch »vielleicht«, das nette Wörtchen,
oder sag: »Ich will mal sehen.«

Wilhelm Busch

········◆········

Willst lustig leben,
geh mit zwei Säcken,
einen zum Geben,
einen, um einzustecken.
Da gleichst du Prinzen,
plünderst und beglückst Provinzen.

Johann Wolfgang von Goethe

········◆········

Genieße, was Dir Gott beschieden,
entbehre gern, was Du nicht hast.
Ein jeder Stand hat seinen Frieden,
ein jeder Stand hat seine Last.

Christian Fürchtegott Gellert

Sei heiter!
Es ist gescheiter
als alles Gegrübel;
Gott hilft weiter,
zur Himmelsleiter
werden die Übel.

Theodor Fontane

........◆........

Du wirst es nie zu Tücht'gem bringen
bei Deines Grames Träumerein.
Die Tränen lassen nichts gelingen:
Wer schaffen will, muß fröhlich sein.

Theodor Fontane

........◆........

Kannst dem Schicksal widerstehen,
aber manchmal gibt es Schläge;
will's nicht aus dem Wege gehen,
ei, so geh Du aus dem Wege!

Johann Wolfgang von Goethe

Willst Du Dich selber erkennen,
so sieh, wie die andern es treiben.
Willst Du die andern verstehn,
blick in Dein eigenes Herz.

Friedrich von Schiller

........◆........

Ein bißchen Güte
von Mensch zu Mensch
ist besser als alle Liebe
zur Menschheit.

Richard Dehmel

Willst Du die besten Ärzte hören,
auf die die klugen Leute schwören?
Es sind deren drei:
Dr. Lustig, Dr. Ruhe und Dr. Diät.
Sie sind krankenscheinfrei.
Sie aufzusuchen, ist es nie zu spät.

Viel besser als ein guter Wille
wirkt manchmal eine gute Pille,
sagt Wilhelm Busch, doch umgekehrt
ist's sicherlich auch recht viel wert.

········◆········

Eines schickt sich nicht für alle!
Sehe jeder, wie er's treibe,
sehe jeder, wo er bleibe,
und wer steht, daß er nicht falle!

Johann Wolfgang von Goethe

········◆········

Nur die Sache ist verloren,
die man selbst verloren gibt.
Wer's nicht glaubt, der gleicht dem Toren,
der die eigne Dummheit liebt.

········◆········

Gar mancher sieht es gern,
wenn andern was mißrät.
Der Kluge sagt sich: Lern,
sonst kommt man selbst zu spät.

Wenn einer kommt und sagen kann,
er hab' es allen recht getan,
so bitt' ich diesen lieben Herrn,
er woll' mich diese Kunst auch lehrn.

Volksmund

........◆........

Es saust der Stock, es schwirrt die Rute,
Du sollst nicht scheinen, was Du bist.
Wie schad', o Mensch, daß dir das Gute
im Grunde so zuwider ist.

Wilhelm Busch

........◆........

Die Freundschaft,
die der Wein gemacht,
wirkt, wie der Wein,
nur eine Nacht.

Friedrich von Logau

Das Leben ist zu kurz und schnell,
um sich groß aufzuregen.
Die Quittung ist sogleich zur Stell',
drum: Gleichmut bringt viel Segen.

········◆········

Im Glück wird man vergeßlich,
erinn're Dich daran.
Glück ist nur dann verläßlich,
spannt man die Kräfte an,
mit Fleiß und mit Vertrauen
das eigne Haus zu bauen.

········◆········

Ach, könnt' ich Dir nur alles geben,
was Dir noch fehlt in Deiner Welt,
könnt' ich mich froh zur Ruhe legen,
dann hätte ich mein Haus bestellt.
Der Güter hab' ich leider keine,
nur dieses eine:
Sollte Kummer Dich ereilen,
komme ich, um ihn zu teilen
und ums kranke Herz zu heilen.

Gar mancher stolpert körperlang
und mit erschrock'nem Schwunge,
erfüllt von einem bösen Drang,
schon über seine Zunge.
Was man daraus ersehen kann?
Wer schweigt, ist oftmals besser dran.

········◆········

Wer mit dem Leben spielt,
kommt nie zurecht;
wer sich nicht selbst befiehlt,
bleibt immer Knecht.

Johann Wolfgang von Goethe

········◆········

Lachen gibt dem Leben Kraft,
Nörgelei macht schlapp.
Wer's drum sorglos liebt, der schafft
seinen eignen Ärger ab,
läßt die anderen in Ruh'
und schaut weise zu.

Freundschaft ist, was diese Welt
felsenfest zusammenhält.
Nimm sie ernst stets und bedenk:
Nichts ist schöner als Geschenk.

........◆........

Lern den Nachbarn zu verstehn,
dann wird alles besser gehn.
Wer Vertrauen überschreibt,
sorgt dafür, daß Zutrau'n bleibt.

Wer des Morgens dreimal schmunzelt,
mittags nie die Stirne runzelt,
abends singt, daß alles schallt,
der wird ohne Sorgen alt.

Sprich kein zu rohes Wort,
mit dem Du jemand kränkst.
Es bohrt sich in sein Herz
viel tiefer, als Du denkst.

········◆········

Ein ungestörtes Glück verlangen,
heißt Mondeslicht mit Netzen fangen,
den Sonnenstrahl mit Ketten fesseln
und Rosen fordern von den Nesseln.

Otto von Leixner

········◆········

Ein Traum, ein Traum ist unser Leben
auf Erden hier.
Wie Schatten auf den Wogen schweben
und schwinden wir.
Und messen unsere trägen Tritte
nach Raum und Zeit;
und sind (und wissen's nicht) in Mitte
der Ewigkeit.

Johann Gottfried Herder

Die Freude und der Schmerz,
die stritten um die Wette,
wer an des Menschen Herz
das größte Anrecht hätte.
Da trat die Lieb' hinzu
und sprach: Laßt doch das Streiten!
Mein ist das Menschenherz,
Ihr sollt es nur begleiten.

········◆········

Die Jugend ist die Zeit der Saat,
das Alter erntet Früchte;
wer jung nicht, was er sollte, tat,
des' Hoffnung wird zunichte.
Drum nutz die Zeit, die Dir bestimmt,
damit's ein reiches Ende nimmt.

········◆········

Gib nicht zu schnell Dein Wort,
so brauchst Du's nicht zu brechen.
Viel besser ist es, mehr zu halten
als zu versprechen.

Friedrich Rückert

Liebe läßt sich schwer beschreiben,
denn sie ist meist kompliziert.
Liebe muß man praktisch treiben
und mit Herz, damit's was wird.

........◆........

Wer Freunde sucht,
ist sie zu finden wert.
Wer keine hat,
hat keine begehrt.
Gotthold Ephraim Lessing

........◆........

Sei freundlich gegen jedermann,
dann sehn Dich alle freundlich an.

........◆........

Warum ist auf dieser Welt
die Zahl der Klugen ach so klein?
Weil's vielen Menschen wohl gefällt,
ganz einfach dumm zu sein.

Verse zum Weiterschenken

Kind, Du fragst mich, was wir sollen?
Immer nur das Gute wollen,
nach dem Schönen rastlos streben,
wahrhaft sein in Tod und Leben,
vorwärts, nie zurücke schreiten,
wider das Gemeine streiten,
uns den Edelsten vereinen,
was wir sind, auch immer scheinen!
Hast Du dieses Ziel errungen,
ist Dir, was Du sollst, gelungen.

Georg Keil

········◆········

Unsre Zeit vergeht geschwind,
nimm die Stunden, wie sie sind.
Sind sie trüb, laß sie vorüber.
Sind sie gut, freu Dich darüber.

········◆········

Tausend Meilen von zu Haus
sieht die Welt ganz anders aus,
und Dir wird auf einmal klar,
was die Heimat für Dich war.

178

Bleibe nicht am Boden heften!
Frisch gewagt und frisch hinaus.
Kopf und Arm mit heitern Kräften,
überall sind sie zuhaus.
Wo wir uns der Sonne freuen,
sind wir jede Sorge los;
daß wir uns in ihr zerstreuen,
darum ist die Welt so groß.

Johann Wolfgang von Goethe

........◆........

Nicht was Du bist
ist's, was Dich ehrt.
Wie Du es bist,
bestimmt den Wert.
An Dir liegt es allein,
so gut es geht zu sein.

........◆........

Ist groß der Brunnen oder klein,
das soll nicht Deine Sorge sein.
Ist nur das Wasser rein und gut,
trinkst Du aus beiden frischen Mut.

Verse zum Weiterschenken

179

Die Liebe bricht herein wie Wetterblitzen,
die Freundschaft kommt wie dämmernd
   Mondenlicht.
Die Liebe will erwerben und besitzen,
die Freundschaft opfert, doch sie fordert nicht.

Emanuel Geibel

········◆········

Liebe im Herzen, Treue im Sinn
führen Dich glücklich durchs Leben dahin.
Weih diesen Werten all Deine Kraft,
dann kannst Du einst sagen: Ich hab' es
   geschafft.

Ernst und heiter

Wer alles ernst nimmt, dem fällt vieles schwer,
wer's mit Humor nimmt, hat vom Leben mehr.

Wer sich an andre hält,
dem wankt die Welt.
Wer in sich selber ruht,
steht gut.

········◆········

Des Menschen Glück und Liebe
geht her, geht hin geschwind,
der Mensch ist wie die Blume,
und er verweht wie Wind.

········◆········

Was hilft's, nach dem Applaus der Welt
mit vorgebundner Maske schielen?
Da der allein nie aus der Rolle fällt,
der immer wagt, sich selbst zu spielen.

Paul Heyse

Glücklich, wenn die Tage fließen,
wechselnd zwischen Freud und Leid,
zwischen Schaffen und Genießen,
zwischen Welt und Einsamkeit.
So mög's Dir beschieden sein
(und des Abends ein Glas Wein).

●

Ohne Arbeit früh bis spät
kann Dir nichts geraten.
Neid sieht nur das Blumenbeet,
aber nicht den Spaten.

●

Mancher meint, er kriegt für Geld
alles Schöne auf der Welt.
Plötzlich platzt die Seifenblase,
und schon liegt er auf der Nase.
Daraus lernt man bestenfalles:
Selbst für Geld kriegt man nicht alles.

Ernst und heiter

Viele Wege führen dem Guten zu.
Die Wege sind da, gehen mußt Du!

········◆········

Nur Liebe, Glück und Freude
erfülle stets Dein Herz,
sei frei von allem Leide,
von Sorgen und von Schmerz.
Du sollst halt stets ein Glückspilz sein
bei Sonnen- und im Mondenschein.

········◆········

Wenn zwei Menschen sich gefunden,
die sich lieben und verstehn,
sollen sie in allen Stunden
ehrlich zueinanderstehn.

········◆········

Liebe, die von Herzen liebt,
ist am reichsten, wenn sie gibt;
Liebe, die von Opfern spricht,
ist die wahre Liebe nicht.

O sage nie: Mein Glück ist hin,
und hin ist Freude, Lieb und Lust!
Hast Du nicht einen jungen Sinn
und junges Leben in der Brust?

Und sollte trüb die Erde sein,
und wär' der Himmel ohne Licht:
Die Jugend ist der Sonnenschein,
der durch die Wolken bricht.

Julius Rodenberg

········◆········

Es muß ein Wunderbares sein
ums Lieben zweier Seelen.
Sich schließen ganz einander ein,
sich nie ein Wort verhehlen,
und Freud und Leid
und Glück und Not
so miteinander tragen,
vom ersten Kuß bis in den Tod
sich nur von Liebe sagen.

Oskar von Redwitz

Leben ist Segen,
Leben ist Not,
immer sich regen
fürs tägliche Brot,
den Pfennig wohl achten,
als sei er die Mark,
nach Gipfeln stets trachten,
das macht Dich wohl stark.

········◆········

War einst ein Mann, der sich der Gabe rühmte,
den wahren Zauberschlüssel zu bewahren,
das Sesam-öffne-dich, das ihm geziemte.
So glaubte er im Lauf von ungezählten Jahren.
Am Ende merkte er, daß er nichts anderes war
als nur ein eitler, hirnverbrannter Narr.
Bewahre Dich vor solchem Mißgeschick,
indem Du Dir Bescheidenheit nicht raubst.
Hab auch für Deine Schwächen einen Blick,
dann bist Du sehr viel stärker, als Du glaubst.

Wie, du fliehst, geliebtes Leben,
und vergiltst mit herbem Spott
alles, was ich dir gegeben?
Wohl mit Recht nannt' ich dich Leben,
denn dein Scheiden bringt mir Tod.

Flammen hört' ich oft dich nennen,
heuchelnd, dieses Augenpaar.
Ach, erst mußtest du dich trennen;
jetzt, da sie vor Weinen brennen,
jetzt erst ist der Ausspruch wahr.

Franz Grillparzer

········◆········

Wir reiten in die Kreuz und Quer
nach Freuden und Geschäften,
doch immer kläfft es hinterher
und bellt aus allen Kräften.
So will der Spitz aus unserm Stall
uns immerfort begleiten,
und seines Bellens lauter Schall
beweist nur, daß wir reiten.

Johann Wolfgang von Goethe

187

Jeden Tag ein gutes Wort,
und die Welt wird heller.
Fährst Du mit der Taktik fort,
dann geht es noch schneller,
denn das Gutsein bringt Gewinn,
sonst ist alle Hoffnung hin.

........◆........

Gar mancher jagt nur nach Gewinn
und glaubt, dies wär' des Lebens Sinn.
Den wahren Wert des Lebens,
den sucht er so vergebens.
Dies schreib' ich Dir als Lehre hin,
weil ich es gut mein', treu Dir bin.

........◆........

Liebe ist das einzige,
was nicht weniger wird,
wenn wir es verschwenden.
Darum hol sie Dir ins Haus
und gib Liebe wieder aus,
gern mit beiden Händen.

Paßt jemand Deine Nase nicht,
sag es ihm einfach ins Gesicht.
Kann er die Worte nicht verstehn,
so laß ihn seiner Wege gehn.

........◆........

Du bist wie eine Blume
so hold und schön und rein.
Ich schau dich an, und Wehmut
schleicht mir ins Herz hinein.

Mir ist, als ob ich die Hände
aufs Haupt dir legen sollt,
betend, daß Gott dich erhalte,
so rein und schön und hold.

Heinrich Heine

Ernst und heiter

Mein Kind, es sind allhier die Dinge,
gleichwohl ob große, ob geringe,
im wesentlichen so verpackt,
daß man sie nicht wie Nüsse knackt.

Kannst Du auf Anhieb, voll Vertrauen,
wohl jeden Menschen gleich durchschauen?
Du siehst sie nur von außenwärts,
siehst Kleid und Weste, nicht das Herz.

........◆........

Halt Dein Rößlein brav im Zügel,
kommst ja doch nicht allzu weit.
Hinter jedem neuen Hügel
dehnt sich die Unendlichkeit.

........◆........

Dumme Gedanken hat jeder,
aber der Weise verschweigt sie.
Greife Du nur dann zur Feder,
wenn's Dich drängt danach, sonst nie!
Nur, was wichtig scheint, schreib auf,
dann fehlt nichts im Lebenslauf.

Bei all Deinen Sorgen
merke Dir eins:
Besser Du lebst fünf vor zwölf
als eins nach keins.

········◆········

Das eilende Schiff, es kommt durch die Wogen
wie Sturmwind geflogen.
Mit Jubel verkünden der Stimmen gar viele:
Wir nahen dem Ziele!
Der Fährmann am Steuer nur stöhnt leise:
Wir segeln im Kreise!

Marie von Ebner-Eschenbach

Ernst und heiter

Von nun an bitte ich,
mich zu vergessen.
Ich bin nicht nötiger
als Salz und Wind.
Stört Dich das Salz,
so zuckere Dein Essen.
Stört Dich der Wind –
bleib nicht, wo Winde sind.

Heinz Kahlau

Muß es sein,
so schick Dich drein!
Doch gib acht aufs falsche Wort.
Wer so spricht, den schicke fort.
Nur wer ehrlich zu Dir hält,
sei Dir allzeit zugesellt.

Furchtlos, doch voll Bescheidenheit,
beschreite des Lebens Stege.
Wer immer nur im Mittelpunkt steht,
steht allen andern im Wege.

Nicht zu leicht und nicht zu schwer
soll man 's Leben nehmen.
Trink bei Lust ein Gläschen leer
und vergiß das Grämen.

Schmerzt mal etwas, mit der Zeit
wird der Schmerz vergehen.
Glück soll hinterm Herzeleid
stets für Dich entstehen.

········◆········

Es hat keinen Wert,
daß man Sterne begehrt.
Willst Erfolg Du sehn,
mußt auf der Erde Du stehn!

········◆········

Wer schaffen will, muß fröhlich sein,
so heißt es, doch nicht immer
hat man auch Grund zum Fröhlichsein,
dann wird das Schaffen schlimmer.
Drum merk den Rat Dir: Schaffe froh,
dann kommt die Freude sowieso!

Kannst Du das Schöne nicht erringen,
so mag das Gute Dir gelingen.
Ist nicht der große Garten Dein,
wird doch für Dich ein Blümchen sein.
So geht es Tag für Tag; doch eben
aus Tagen, Freund, besteht das Leben.
Gar viele sind, die das vergessen:
Man muß es nicht nach Jahren messen!

Eduard von Bauernfeld

........◆........

Wer alles ernst nimmt, was Menschen sagen,
darf sich nicht über Menschen beklagen.
Alles Reden ist meist nur Gered.
Weiß man erst, was dahintersteht,
läßt man's klappern wie die Mühlen am Bach
und geht stillfein in sein eigen Gemach.

Christian Morgenstern

Erscheint Dir etwas unerhört,
bist Du im tiefsten Herzen empört.
Bäume nicht auf, versuch's nicht mit Streit,
berühr es nicht, überlaß es der Zeit:
Ärger ist Zehrer und Lebensvergifter,
Zeit ist Balsam und Friedensstifter.

Theodor Storm

So wie die Täubchen leben,
in Fried' und Einigkeit,
so wünsch' ich Dir ein Leben
voll von Zufriedenheit.

Zwei Schlüssel öffnen Dir jedes Herz,
zwei niedliche, kleine, blanke;
gib acht, daß Du sie nie verlierst,
sie heißen »bitte« und »danke«.

Kein Wunsch kann Bess'res geben
als der: zufrieden leben!

Wie sich Dein Leben wendet,
wie lang Dich's quält, wie kurz Dir's lacht:
Die Zeit ist nie verschwendet,
in der Du jemand frohgemacht.

Frida Schanz

........◆........

In der Welt fährst Du am besten,
sprichst Du stolz mit stolzen Gästen,
mit bescheidenen bescheiden,
aber wahr und klar mit beiden.

Anastasius Grün

........◆........

Hingeschwunden sind die Stunden
unsrer Freundschaft wie Sekunden.
Dich vergessen? Dreimal nein!
Unser Bund soll ewig sein.

........◆........

Eigentlich geht im Prinzip alles,
aber ohne Liebe keinesfalls.

196

Magst den Tadel noch so fein,
noch so zart bereiten,
weckt er Widerstreiten.
Lob darf ganz geschmacklos sein.
Hocherfreut und munter
schlucken sie's hinunter!

Marie von Ebner-Eschenbach

········◆········

Fünf Worte nur an Dich!
Sei glücklich! Denk an mich!

········◆········

Zu sparsam sein ist gar nicht gut,
verschwenden ist noch schlimmer.
Wer alles recht mit Maßen tut,
gewinnt zuletzt doch immer!

········◆········

Kein Frühling weiß so traut und wohl zu klingen,
als wenn zum Herzen Freundesworte dringen.

Nikolaus Lenau

Ernst und heiter

197

Die Arbeit ist oft unbequem,
die Faulheit jedoch nicht.
Mach's Dir nicht allzu angenehm,
erfülle Deine Pflicht.
Der kleinste Ehrgeiz, hat man ihn,
ist stets der Faulheit vorzuziehn.

........◆........

Nicht alle sind glücklich,
die glücklich erscheinen.
Ein Clown wird oft lachen,
nur um nicht zu weinen.

........◆.......

Einst wirst Du all die Sprüche lesen,
die fein in diesem Album stehn,
und denkst: Ich bin dabeigewesen,
und sahst die Jahre all vergehn.
Erinner Dich gern all der Stunden,
die Du mit Freunden hast verbracht.
Ihr hattet Euch zum Glück gefunden,
die Hoffnung war mit eingebunden,
so wurd' das Leben froh verbracht.

Ein Herz, wahrhaftig gut und schön,
wird oft sich täuschen
    lassen,
läßt durch den Schein
    sich hintergehn,
und kann sich nie dazu verstehn,
vorher Verdacht zu fassen.

Anna Luise Karsch

········◆········

Glücklich, wer in seiner Stadt
einen Freund gefunden hat.
Er könnt' auch vom Lande sein,
ganz egal – er bleibe Dein.

········◆········

Wenn Dir mal etwas nicht gefällt,
denk: Nichts währt ewig auf der Welt,
denn aller Ärger, alle Qual,
die enden ganz bestimmt einmal.
Drum sag zum Trost Dir, was auch sei:
»In hundert Jahren ist's vorbei.«

Geh treu und redlich durch die Welt,
dann wirst Du Freud' erleben.
Doch wer sich anders wohl verhält,
bei dem wird's Ärger geben.

Es liegt an Dir, was wohl geschieht,
machst Du Dich auf die Strecke.
Auf Deinen Lippen sei ein Lied,
und wenn Dich jemand rasten sieht,
bring' er Dir Speis' und wecke
in Dir viel Kraft und auch Vertrau'n,
beherzt und stets nach vorn zu schau'n.

········◆········

Die Freundschaft währt ewig,
die Liebe vergeht,
drum wähle die Freundschaft,
die ewig besteht.

Der Liebe blühn Rosen,
die Freundschaft schenkt Ruh',
drum wähle die beiden,
und glücklich bist Du.

Alle Tage ist kein Sonntag,
alle Tage gibt's keinen Wein,
doch ich will alle Tage
recht lieb zu Dir sein.

········◆········

Rechte Liebe geht von Herzen,
rechte Liebe brennt so heiß.
O wie wohl ist doch dem Menschen,
der von keiner Lieb' nichts weiß.

········◆········

Das Glück gleicht oft dem Schlingel,
der nachts vor Deinem Haus
zum Scherz reißt an der Klingel,
und dann kneift aus.

Wer über solches Treiben
sich ärgert, ist ein Tor.
Du mußt ans Haus nur schreiben:
Hier wohnt Humor!

Um 1900

Ernst und heiter

Die Liebe ist wie Sonnenschein
und gleicht wohl einer Flamme.
Doch Treue muß die Wurzel sein
an solchem Lebensstamme.

•

Ehe Du in Deinem Leben
fest auf einen Menschen baust,
geh mit Vorsicht ihm entgegen,
eh' Du Dich ihm anvertraust.
Schau ihm prüfend, fest ins Auge,
ob auch offen ist sein Blick,
denn die Menschen können lügen,
doch das Auge trügt Dich nicht.

•

Du möchtest hundert Jahre werden?
Gut, nimm Dir diese Mühsal vor.
Doch plagen Dich dereinst Beschwerden,
dann jammere mir nicht ins Ohr.
Drüber red in hundert Jahren,
vorher möcht' ich nichts erfahren.

Laß den Kopf nicht hängen,
auch wenn Du traurig bist.
Laß Dich nicht bedrängen,
selbst wenn Du Zeit vermißt.
Folge Deinem Kompaß, schreite froh nach vorn,
urteil nie parteiisch und auch nicht im Zorn.
Toleriere Fremdes, müh Dich zu verstehn,
dann wird's Dir im Leben angenehm ergehn.

········◆········

Ein Nilpferd steht an Flusses Rand
und wäscht die Schnauze sich im Sand.
Ach, möge doch Dein Herz so rein
wie dieses Nilpferds Schnauze sein.

········◆········

Lieb Dein Leben, bleib bescheiden,
höre auf der Eltern Wort.
Lerne reden, doch auch schweigen,
aber stets am rechten Ort.
Wenn Du dies beherzigst, dann
schaut man Dich bewundernd an.

Rastlos vorwärts mußt Du streben,
nie ermüdet stillestehn,
willst Du die Vollendung sehn.

Friedrich von Schiller

........◆........

Wechselnd bleibt das Leben immer,
Freude folgt auf Herzeleid.
Wär' es anders, wär' es schlimmer.
Lebe drum voll Dankbarkeit.

........◆........

Suchst Du Glück in Deinem Leben,
trage bei zu andrer Glück,
denn die Freude, die wir geben,
kehrt mit Zins zu uns zurück.

........◆........

Schätze nicht den Wert des Menschen
schnell nach einer flücht'gen Stund'.
Oben sind bewegte Wellen,
doch die Perle liegt im Grund.

Tu stets Rechtes, niemals Schlechtes!
Folg der Wahrheit, sei für Klarheit!
Das erspart Dir allezeit
Einsamkeit und Herzeleid.

········◆········

Mach anderen Freude,
und Du wirst erfahren,
daß Freude erfreut
noch nach fünf Dutzend Jahren.

········◆········

Es kann die Ehre dieser Welt
Dir keine Ehre geben.
Was Dich in Wahrheit hebt und hält,
muß in Dir selber leben.

Des Flücht'gen Lob, des Tages Ruhm
magst Du dem Eitlen gönnen.
Das aber sei Dein Heiligtum,
vor Dir bestehn zu können.

Theodor Fontane

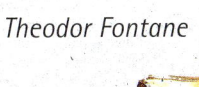

Schöpf aus der Jugend schöne Stunden,
für sie gibt's keine Wiederkehr.
Geschwind wie Wind sind sie entschwunden,
zurück kehrt keine Jugend mehr.

........◆........

Glaubst Du, Dein Los sei zu schwer,
schau, eh' Du klagst, auf die andern.
Viel schwerer belastet als Du
muß mancher durchs Leben wandern.

........◆........

Es blüht ein schönes Blümchen
auf unsrer grünen Au.
Sein Aug' ist wie der Himmel,
so heiter und so blau.
Es weiß nicht viel zu reden,
und alles, was es spricht,
ist immer nur das eine,
der Wunsch: »Vergiß mein nicht!«

So geht es bergauf,
so geht es bergrunter.
Und alle Deine Freunde
- auch ich - stehn putzmunter
darunter!

•

Dies ist ein Regenbogen.
Darunter stehn wir.
Und ist er dann verflogen,
bleibe ich bei Dir.

•

Das Ziegelwerk das Haus wohl stützt.
Das Dach, das unsre Freundschaft schützt.
Und Fenster, die den Frühling sehn,
die Tür zum Kommen und zum Gehn.
Ein solches Haus, das wünsch' ich Dir,
und wenn ich groß bin, dann auch mir.

Vom selben Autor sind im FALKEN Verlag bereits erschienen:
„Mach' dir einen Reim. Der moderne Verseschmied" (Nr. 1433)
„Kindergedichte für alle Tage und Feste" (Nr. 1489)

Wir danken der Zweckform Büro-Produkte GmbH, Holzkirchen,
für die Bereitstellung der Sticker auf dem Umschlag.

Die Deutsche Bibliothek – CIP-Einheitsaufnahme

Rudorf, Günter:
Die schönsten Verse fürs Poesiealbum / Günter Rudorf. –
Niedernhausen/Ts. : FALKEN, 1995
   ISBN 3-8068-4770-3

ISBN 3 8068 4770 3

© 1995 by Falken-Verlag GmbH, 65527 Niedernhausen/Ts.
Umschlaggestaltung: Peter Udo Pinzer
Gestaltung: Horst Bachmann
Redaktion: Dr. Dietrich Voorgang, Heidenrod; Dr. Werner Brand
Illustrationen und Herstellung: Katja Rosenberg, Wiesbaden

Die Ratschläge in diesem Buch sind von dem Autor und vom Verlag
sorgfältig erwogen und geprüft, dennoch kann eine Garantie nicht
übernommen werden. Eine Haftung des Autors bzw. des Verlags und
seiner Beauftragten für Personen-, Sach- und Vermögensschäden ist
ausgeschlossen.

Satz: Grunewald Satz & Repro GmbH, Kassel
Druck: Westermann Druck Zwickau GmbH

817 2635 4453 6271